立法 50 年

欧盟药品监管法律法规纲要

——原则、程序、体系及特殊药品规制

编译 郭 薇

中国医药科技出版社

图书在版编目（CIP）数据

立法50年：欧盟药品监管法律法规纲要：原则、程序、体系及特殊药品规制 / 郭薇译. — 北京：中国医药科技出版社，2017.12

（国外食品药品法律法规编译丛书）

ISBN 978-7-5067-9314-8

Ⅰ. ①立⋯　Ⅱ. ①郭⋯　Ⅲ. ①欧洲联盟 – 药品管理法 – 研究　Ⅳ.
①D950.216

中国版本图书馆CIP数据核字(2017)第102079号

注
扫描书中二维码，可阅读英文原版

美术编辑　陈君杞
版式设计　大隐设计

出版　中国医药科技出版社
地址　北京市海淀区文慧园北路甲 22 号
邮编　100082
电话　发行：010-62227427　邮购：010-62236938
网址　www.cmstp.com
规格　710 × 1000mm $^1/_{16}$
印张　19 $^1/_4$
字数　228 千字
版次　2017 年 12 月第 1 版
印次　2017 年 12 月第 1 次印刷
印刷　三河市国英印务有限公司
经销　全国各地新华书店
书号　ISBN 978-7-5067-9314-8
定价　48.00 元

国外食品药品法律法规
编译委员会

主任委员　　焦　红

副主任委员　　徐景和　　吴少祯

委　　　员

王铁汉　　柳　军　　张　靖　　马纯良　　李奇剑

王　红　　王立丰　　王者雄　　丁建华　　孔繁圃

江德元　　于　军　　颜江瑛　　丁逸方　　王小岩

袁　林　　段永升　　石耀宇

工作委员会

陈　谞　　刘　沛　　吴利雅　　任端平　　赵燕宜

陈永法　　杨　悦　　丁锦希　　吕晓华　　胡　明

梁　毅　　罗文华　　郭　薇　　康珊珊　　樊一桥

濮恒学　　蒋　蓉　　丁红霞　　唐小枚　　马爱霞

邵　蓉　　唐健元　　龚兆龙　　傅道田　　权鲜枝

本书编委会

编　译　郭　薇

校　对　（按姓氏笔画排序）

周大伟（沈阳市浑南国际新兴产业园区管委会经济发展处）

郭　薇（中共辽宁省委党校）

序

　　食品药品安全问题，既是重大的政治问题，也是重大的民生问题；既是重大的经济问题，也是重大的社会问题。十八大以来，我国坚持以人民为中心的发展思想和"创新、协调、绿色、开放、共享"的五大发展理念，全力推进食品药品监管制度的改革与创新，其力度之大、范围之广、影响之深，前所未有。

　　党的十九大再次强调，全面依法治国是国家治理的一场深刻革命，是中国特色社会主义的本质要求和重要保障。法律是治国之重器，良法是善治之前提。全面加强食品药品安全监管工作，必须坚持立法先行，按照科学立法、民主立法的要求，加快构建理念现代、价值和谐、制度完备、机制健全的现代食品药品安全监管制度。当前，《药品管理法》的修订正在有序有力推进。完善我国食品药品安全管理制度，必须坚持问题导向、坚持改革创新、坚持立足国情、坚持国际视野，以更大的勇气和智慧，充分借鉴国际食品药品安全监管法制建设的有益经验。

　　坚持食品药品安全治理理念创新。理念是人们经过长期的理论思考和实践探索所形成的揭示事物运动规律、启示事物发展方向的哲学基础、根本原则、核心价值等的抽象概括。理念所回答的是"为何治理、为谁治理、怎样治理、靠谁治理"等基本命题，具有基础性、根本性、全局性、方向性。理念决定着事物的发展方向、发展道路、发展动力和发展局面。从国际上看，食品药品安全治理理念主要包括人本治理、风险治理、全程治理、社会治理、责任治理、效能治理、能动治理、专业治理、分类治理、平衡治理、持续治理、递进治理、灵活治理、国际治理、依法治理等基本要素。这些要素的独立与包容在一定程度上反映出不同国家、不同时代、不同阶段食品药品安全治理的普遍规律和特殊需求。完善我国食品药品安全管理法制制度，要坚持科学治理理念，体现时代性、把握规律性、富于创造性。

坚持食品药品安全治理体系创新。为保障和促进公众健康，国际社会普遍建立了科学、统一、权威、高效的食品药品安全监管体制。体制决定体系，体系支撑体制。新世纪以来，为全面提升药品安全治理能力，国际社会更加重视食品药品标准、审评、检验、检查、监测、评价等体系建设，着力强化其科学化、标准化、规范化建设。药品安全治理体系的协同推进和持续改进，强化了食品药品安全风险的全面防控和质量的全面提升。

坚持食品药品安全治理法制创新。新时代，法律不仅具有规范和保障的功能，而且还具有引领和助推的作用。随着全球化、信息化和社会化的发展，新原料、新技术、新工艺、新设备等不断涌现，食品药品开发模式、产业形态、产业链条、生命周期、运营方式等发生许多重大变化，与此相适应，一些新的食品药品安全治理制度应运而生，强化了食品药品安全风险全生命周期控制，提升了食品药品安全治理的能力和水平。

坚持食品药品安全治理机制创新。机制是推动事物有效运行的平台载体或者内在动力。通过激励与约束、褒奖和惩戒、动力和压力、自律和他律的利益杠杆，机制使"纸面上的法律"转化为"行动中的法律"，调动起了各利益相关者的积极性、主动性和创造性。机制的设计往往都有着特定的目标导引，在社会转型期具有较大的运行空间。各利益相关者的条件和期待不同，所依赖的具体机制也有所不同。当前，国际社会普遍建立的食品药品分类治理机制、全程追溯机制、绩效评价机制、信用奖惩机制、社会共治机制、责任追究机制等，推动了食品药品安全治理不断向纵深发展。

坚持食品药品安全治理方式创新。治理方式事关治理的质量、效率、形象、能力和水平。全球化、信息化、社会化已从根本上改变经济和安全格局，传统的国际食品药品安全治理方式正在进行重大调整。互联网、大数据、云计算等正在以前所未有的方式改变着传统的生产、生活方式，而更多的改变正在蓄势待发。信息之于现代治理，犹如货币之于经济，犹如血液之于生命。新时期，以互联网、大数据、云计算等代表的信息化手段正在强力推动食品药品安全治理从传统治理向现代治理方式快速转轨，并迸发出无限的生机与活力。

坚持食品药品安全治理战略创新。战略是有关食品药品安全治理的全局性、长期性、前瞻性和方向性的目标和策略。国家治理战略是以国家的力量组织和落实食品药品安全治理的目标、方针、重点、力量、步骤和措施。食品药品安全治理战略主要包括产业提升战略、科技创新战略、行业自律战略、社会共治战略、标准提高战略、方式创新战略、能力提升战略、国际合作战略等。食品药品管理法律制度应当通过一系列制度安排，强化这些治理战略的落地实施。

坚持食品药品安全治理文化创新。文化是治理的"灵魂"。文化具有传承性、渗透性、持久性等。从全球看，治理文化创新属于治理创新体系中是最为艰难、最具创造、最富智慧的创新。

食品药品安全治理文化创新体系庞大，其核心内容为治理使命、治理愿景、治理价值、治理战略等。使命是组织的核心价值、根本宗旨和行动指针，是组织生命意义的根本定位。使命应当具有独特性、专业性和价值性。今天，国际社会普遍将食品药品安全治理的是使命定位于保障和促进公众健康。从保障公众健康到保障和促进公众健康，这是一个重大的历史进步，进一步彰显着食品药品监管部门的积极、开放、负责、自信精神和情怀。

中国的问题，需要世界的眼光。在我国药品安全监管改革创新的重要历史时期，法制司会同中国健康传媒集团组织来自监管机构、高等院校、企业界的专家、学者、研究人员陆续翻译出版主要国家和地区的食品药品法律法规，该丛书具有系统性、专业性和实用性、及时性的特点，在丛书中，读者可从法条看到国际食品药品治理理念、体系、机制、方式、战略、文化等层面的国际经验，期望能为我国食品药品监管改革和立法提供有益的参考和借鉴。

焦 红

2017 年 12 月

前言

2015 年标志着欧盟医药立法实施 50 周年，其始于"沙利度胺药害事故"(Thalidomide disaster) 之后颁布的 1965 年欧盟第 65/65 号指令。

欧盟人用药品法律框架用于确保高标准的药品质量和安全，并力图以鼓励创新和竞争的举措推动欧盟市场健康运行。这一框架的基本原则是：仅在主管部门授予上市许可后，方可将药品投放市场。

自 20 世纪 60 年代以来，由于上市许可授予要求日趋一致，大量立法围绕这一原则得以制定并开始在整个欧洲经济区实施。

如今，药品可以由欧盟委员会集中授予许可也可以由各成员国主管部门分别许可。1995 年，欧洲药品管理局得以建立，其既可以强化集中审批程序又有助于支持各国主管部门之间的协作，是欧洲药品网络的枢纽，这一网络包含 40 多个国家的监管部门，用于确保欧盟境内药品科学评估信息的经常性交流和无间断流通。

欧盟法律框架绝不会停滞不前。恰恰相反，其初创之时就雄心勃勃地试图改善自身功能或克服自身缺陷，从而确保在使新药尽早可及与保证其质量和安全的高标准之间取得合理平衡。而且，过去的 50 年里，科学得到迅猛发展。新技术（的出现）以及对疾病的进一步认知带来了新概念的引入或现有诊疗方法的重塑，这些现象都随之在立法中有所体现。

医药领域的特点是具有很多纲领性文件，这些纲领旨在帮助和支持应用欧盟法律框架的主要参与者。然而，若脱离基本法律，这些纲领性文件就是一纸空谈。

想要理解欧盟药品法律框架，首先需要了解立法本身适用条款。本书把最新版本的人用药品主要法律文件整理到一起，希望对读者有所帮助。它为利益相关者，尤其是医药行业、监管机构、执业律师以及感兴趣的公民、患者和医疗保健专业人士提供了非常有益的信息。

本书如实反映了 2015 年 1 月 1 日前生效的法律。

编者

2017 年 11 月

编译说明

欧盟药品监管法律法规框架一直是与美国相关法律法规框架并驾齐驱的立法典范。从 1965 年第 65/65 号指令开始至 2015 年，欧盟医药立法已走过整整 50 年，形成了以指令、法规、规范、技术指南为主要形式的法律框架，对药品上市许可的授予、变更、暂停、撤销以及上市后的生产、宣传、批发分销、远程销售、药物警戒等进行全生命周期的监管。在这一法律框架的规范下，以欧洲药品管理局为核心的欧盟药品监管网络日渐形成，这一网络至今已涵盖 40 多个国家的药品监管部门，为欧盟药品市场的规范运行作出了重要贡献。欧盟药品监管法律法规框架主要由三个层面构成：第一层面包括指令 (Directives) 和法规 (Regulations)，一般由欧洲议会和欧盟理事会颁布实施，少部分由欧盟委员会颁布实施；第二层面主要包括药品注册管理程序和 GMP 指南，一般由欧盟委员会颁布实施；第三层面主要包括技术指南和法规解释，一般由欧洲药品管理局颁布实施。本套丛书主要涉及第一层面的法律框架。

欧盟药品监管法律法规框架的最大特点在于"集权"与"分权"并存：一方面，药品既可以由欧盟委员会集中授予许可也可以由各成员国主管部门分别授予许可，除生物制品、前沿药品、孤儿药等需要强制执行集中审批的药品外，欧盟药品监管法律法规框架也为不要求执行集中审批的药品提供了多种上市可能和欧盟互认通道；另一方面，"集权"表现为类似于法规、指令等一般法律框架和药品监管规则由欧洲议会和欧盟委员会制定，"分权"则表现为现场检查工作由各国药品管理部门分别实施。得当的集权与分权设计使得欧盟在药品监管领域取得了巨大成功，为中国提供了良好借鉴，这也是编译本书的初衷。此外，本书编译之时恰逢中国新一轮《药品管理法》修订之际，更加凸显了编译本书的重要意义。

为使条理更加清晰，译者将《立法 50 年：欧盟药品监管法律法规纲要》原书编为上下两册：上册是欧盟药品监管的纲领性文件，主要针对药品规制的一般原则、程序及体系，单独编译成册；下册主要针对孤儿药、儿童用药、前沿药品等特殊药品规制的原则、程序及体系，整合编译成册。全书从六个部分对药品上市许可申请的标准、规范、程序及许可后的变更、药品安全性和有效性规制等作出了全面细致的规定。同时，也对欧洲药品管理局的职责、财务、法律责任等进行了严格规定。翻译中术语以及专业名词以全国自然科学名词审定委员会公布的名词、《药品生产质量管理规范（2010 年修订）》的英文版以及相关法律法规使用的术语为准。药物名称以 2015 年版《中华人民共和国药典》和现行版《中国药品通用名称》为准。译文中的"欧洲药品评价局／评价局"、"欧洲药品管理局／管理局"四个词汇均代表同一机构。不同译法的原因在于：（1）2004 年 3 月 31 日第 726/2004号 (EC) 法规将欧洲药品评价局（European Agency for the Evaluation of Medicinal Products，EMEA）更名为欧洲药品管理局（European Medicines Agency，EMA）。因此，在此日期前颁布的法规指令使用的是 EMEA 的称谓，此日期后使用的是 EMA 的称谓。鉴于此，根据原文，此前的文件均译为欧洲药品评价局，此后的文件译为欧洲药品管理局（欧洲药品评价局这一名称主要出现在孤儿药一章中）；（2）管理局或评价局是二者的简称。

本书从接受委托至全书定稿历经半年，共经过四轮交叉校对和修订，编译过程中多次向上海市第九人民医院的程丽英医生、辽宁省肿瘤医院的许伟主任药师、辽阳市中心医院的吕春月医生咨询，并在译文校对的部分得到了黑龙江工程学院外语系李光讲师及沈阳市浑南国际新兴产业园区管委会经济发展处周大伟副处长的大力帮助。在此，对以上人员表示衷心感谢！同时，感谢我的科研助理胡虹、周晓柳、王微、林杉、杨红军等人在本书编译过程中的辛劳工作！更要谢谢我的丈夫许广铭对我科研工作的理解与支持，本书能够尽早完成，得益于他的付出和成全！

最后，译者寄希望于本书可以为中国新一轮《药品管理法》的修订略尽绵薄之力，也希望其有助于医药界从业人员及致力于药品监管研究的人员。由于时间、能力有限，全书终稿仍不完善，疏漏之处敬请各界专家斧正！

目录

第一编 | 第 726/2004 号 (EC) 法规——欧洲药品管理局

欧洲议会和欧盟理事会 2004 年 3 月 31 日颁布的第 726/2004 号 (EC) 法规（规定了人用和兽用药品授予许可和执行监管程序并成立欧洲药品管理局）

（与欧洲经济区相关的内容）

欧洲议会和欧盟理事会，

鉴于建立欧洲共同体的《公约》，尤其是其中第 95 条及第 152 条第 (4) 款 (b) 项之规定，

鉴于欧盟委员会提出的建议，

鉴于欧洲经济和社会委员会提出的意见，

经过与各地区委员会的磋商，

依据《公约》第 251 条所述之程序，

鉴于：

(1) 欧盟理事会 1993 年 7 月 22 日颁布的第 2309/93 号 (EEC) 法规第 71 条（规定了人用和兽用药品授予许可和执行监管程序并成立欧洲药品评价局）规定，在法规生效 6 年之内，欧盟委员会需要对执行本法规规定的程序所获得的经验发布综合报告。

(2) 鉴于欧盟委员会所获经验报告，有必要在欧洲共同体范围内对投放市场的药品加强授予许可流程并对欧洲药品评价局某些管理问题做出修正。此外，该机构的名称简化为欧洲药品管理局（简称 "管理局"）。

(3) 报告结论指出，第 2309/93 号 (EEC) 法规确立的集中审批程序需要做出修正，包括一些操作流程的修改，并将科学技术发展和未来欧盟规模的扩大考虑在内。报告也指出，之前集中审批程序所遵循的基本原则应被遵守。

(4) 此外，由于欧洲议会和欧盟理事会采用 2001 年 11 月 6 日颁布的第 2001/83 号 (EC) 欧洲共同体规范人用药品指令以及 2001 年 11 月 6 日颁布的第 2001/82 号 (EC) 欧洲共同体规范兽用药品指令，因此，第 2309/93 号 (EEC) 法规指令的所有引用需要更新。

(5) 为清楚起见，有必要将上述法规替换成新法规。

(6) 为协调各方面工作，在对任何高科技药品做出国家决策之前，应保留已废除的欧洲共同体立法所建立的欧洲共同体机制。

(7) 采用 1986 年 12 月 22 日颁布的第 87/22 号 (EEC) 欧盟理事会指令（类似于高科技药品尤其是生物技术药品投放市场的国家举措）的经验表明，为保持欧盟药品科学评估的高水平和患者信心以及进行医疗职业评估，有必要对高科技药品尤其是生物技术加工药品创建集中审批程序。在基因疗法、细胞相关疗法及异基因体细胞治疗等新疗法出现的背景下，上述做法尤其重要。该方法应该保留，特别是考虑到为确保制药行业内部市场的有效运行更是如此。

(8) 为了协调新药的内部市场，还应针对罕见药和含有全新活性物质的任何人用药品（即尚未在欧洲共同体授予许可的人用药品）以及适应证为后天免疫缺陷综合症、癌症、神经退化紊乱或糖尿病等的药品强制执行集中审批程序。本法规生效四年后，对于含有新型活性物质的人用药品以及适应证为先天免疫性疾病、其他免疫功能紊乱和病毒性疾病等的药品，该程序也应具有强制性。对于本法规附件中第 3 点的条款，应可以在本法规生效四年后通过简化的决策程序进行审查。

(9) 对于人用药品，也应为集中审批程序提供备选途径，以免使用单一审批程序对患者产生附加值。对于那些虽不属于上述种类但却具有治疗创新性的药品，审批程序应具有可选性。也应允许尽管不具创新性，但在欧洲共同体层面授予许可有益于社会或患者的药品（例如某些可供应的非处方药品）使用该程序。倘若不妨碍参比药品评价时的一致性及其评价结果，该选择性可扩展至欧洲共同体授予许可的仿制药。

(10) 在兽用药品领域，考虑到该领域的具体特点，尤其是由于某些疾病的地域性分布，应该制定相应管理措施。对于欧洲共同体家畜流行性疾病预防措施条款框架内使用的兽用药品，可以采用集中审批程序。对于包含新型活性物质的兽用药品，应维持其对集中审批程序的选择性进入。

(11) 对于人用药品，临床前研究和临床试验相关数据保护期限应与第 2001/83 号 (EC) 指令规定相同。对于兽用药品，临床前研究和临床试验以及安全性和残留检测相关数据保护期限应与第 2001/83 号 (EC) 指令规定相同。

(12) 为了降低中小企业通过集中审批程序授予药品上市许可的成本，应采纳允许削减相关费用、推迟费用支付、承担翻译职责和向这些企业提供行政协助的条款。

(13) 出于公众健康考虑，集中审批程序下做出的许可决定应基于客观、科学的药品质量、安全性和有效性标准，并排除经济和其他方面的考虑。然而，各成员国应能在其领土范围内特别禁止使用侵犯其客观定义的公共政策和公共道德的人用药品。此外，若使用兽用药品违反共同农业政策框架规定或将其用于其他欧洲共同体规定尤其是第 96/22 号 (EC) 指令禁止的用途，则欧洲共同体不予授予兽用药品上市许可。

(14) 第 2001/83、2001/82 号 (EC) 指令应对质量、安全性和有效性标准做出规定，并应用于欧洲共同体许可的全部药品。同时，在所有药品上市时、许可续期时或主管部门认为的其他适当时间，对其风险收益平衡进行评估。

(15) 根据《公约》第 178 条规定，欧洲共同体需要考虑到所有措施都要经历调整，并考虑在世界范围内推动创建适合人类生存的环境。医药法律应持续确保仅出口有效、安全和优质的药品，并且欧盟委员会应考虑创建进一步的激励措施开展药品研究，以应对普遍存在的热带疾病。

(16) 需要制定欧洲议会和欧盟理事会 2001 年 4 月 4 日颁布的第 2001/20 号 (EC) 指令的道德要求（类似于各成员国实施人用药品临床试验良好临床实践的法律、法规和行政规章），适用于欧洲共同体授予许可的药品。特别是对于那些在欧洲共同体外进行临床试验但必须在欧洲共同体范围内进行许可的药品，在进行许可评估申请时应核实这些试验是否符合上述指令中规定的良好临床实践原则和道德要求。

(17) 欧洲共同体应有举措对呈递的药品按照分散式许可程序进行科学评估。此外，为保证各成员国按照分散式许可程序所采取的呈递药品管理决策的有效协调，欧洲共同体有必要采用一定手段解决各成员国之间有关药品质量、安全性和有效性的分歧。

(18) 组成管理局的各机构框架和运行应以这样一种方式设计：需要不断更新专业科学知识、需要欧洲共同体和国家机构之间合作、需要足够的民间团体参与并考虑未来欧盟规模的扩大。管理局各机构应同相关各方尤其是与患者代表和医疗保健专业人员代表建立并发展适当关系。

(19) 管理局的主要任务应该是为欧洲共同体和成员国提供最好的科学意见，使他们能够就药品许可和监管行使立法所赋予他们的在药品领域的权力。只有在管理局就高科技药品质量、安全性和有效性高标准地完成单独的科学评估程序之后，欧洲共同体才可以授予上市许可，上述过程应采用快速审批程序并确保欧盟委员会和各成员国之间密切合作。

(20) 为确保在各成员国中开展工作的管理局和科学家之间密切合作，管理委员会的构成应能保证成员国的主管部门可密切参与欧洲共同体药品许可系统的管理工作。

(21) 管理局的预算应符合欧洲共同体的政策，由私营部门支付的费用和来自欧洲共同体预算之外的捐助构成。

(22)1999 年 5 月 6 日欧洲议会、欧盟理事会和欧盟委员会之间就预算原则和预算程序签订的机构间协议第 25 条规定，为满足扩大化需求，将对财务进行调整。

(23) 管理局对所有人用药品相关问题意见的准备工作应由人用药品委员会独家负责。至于兽用药品相关意见，则由兽用药品委员会独家负责。对于孤儿药，应由依照欧洲议会和欧盟理事会 1999 年 12 月 16 日颁布的第 141/2000 号 (EC) 法规建立的孤儿药委员会负责。最后，对于草药，这个责任应由依照第 2001/83 号 (EC) 指令建立的草药委员会负责。

(24) 管理局的创建，特别是通过设立一个永久的技术和行政秘书处，将有可能加强委员会的科学性和独立性。

(25) 应扩大科学委员会的活动领域，其运作方式和组织构成应更具现代化。对于寻求上市许可的未来申请人应提供更广泛和深入的科学建议。同样，应该建立允许为企业特别是中小企业提供咨询的组织机构。委员会应能够将评估职责分派给由科学界的专家参与的常务工作组，同时保留发布科学意见的总体责任。为更好地保证申请人的权利，应对复审程序进行修订。

(26) 参与集中审批程序的科学委员会成员数量应确保在欧盟扩大后委员会仍可保持高效工作。

(27) 还需要按此方式加强科学委员会的作用，使管理局积极参与到国际科学对话中并开展某些必要的活动，尤其是在与世界卫生组织关于国际科学的协调和技术合作等方面开展活动。

(28) 此外，为了使法律更具确定性，有必要界定管理局关于工作透明度规则的责任。同时，为药品（由欧洲共同体授予许可的）上市设定条件、给予管理局监管药品（由欧洲共同体批准的）销售的权力，并对未遵守本法规规定和不符合上市许可（依据本法规所确立的程序授予的）条件的情况制定制裁和实施程序。

(29) 也有必要采取措施对欧洲共同体许可的药品进行监管，特别是对欧洲共同体药物警戒活动框架内这些药品的不良影响强化监管，确保在正常使用情况下风险收益呈现负平衡的药品快速退出市场。

(30) 为加强市场监管的效率，管理局应负责对各成员国的药物警戒活动进行协调。同时，管理局需引进诸多条款以便严格有效地实施药物警戒程序；允许主管部门采取临时紧急措施（包括对产品上市许可进行修订）以及允许随时对药品的风险收益平衡进行重新评估。

(31) 在与管理局保持密切合作且与成员国磋商后，可将协调各成员国监管职责执行的任务交托于欧盟委员会，特别是提供药品信息的任务和检查其是否遵守良好生产、实验和临床实践的任务。

(32) 有必要规定欧洲共同体的药品审批程序和各成员国的国家程序在执行上应相互协调（二者已经通过第 2001/83 号 (EC)、第 2001/82 号 (EC) 指令达到相当程度的协调）。欧盟委员会应根据所获得的经验，每隔十年重新审查本法规规定的程序之运作情况。

(33) 为满足（尤其是）患者的合法预期，并考虑到科学和治疗方法的日益快速发展，应建立并保留具有重大治疗意义之药品的加速审评程序以及根据每年复审条件获取临时许可的程序。在人用药品领域，只要有可能，在各成员国法律允许的条件下，关于新药的关怀使用标准和条件应遵循通用方法。

(34) 对于那些将自身定位于新药并且属于相同治疗类别的药品，各成员国已经建立有效性评估体系。与此相似，欧盟理事会在 2000 年 6 月 29 日采纳的药品和公共卫生决议中，强调了定义具有附加治疗价值的药品的重要性。然而，这一评估不应在产品上市许可的背景下进行，因为已商定应当保留基本标准。在这方面，允许收集各成员国确定新药疗效所用的方法是非常有用的。

(35) 与当前第 2001/83 号 (EC)、第 2001/82 号 (EC) 指令相一致，欧洲共同体上市许可的有效期最初应限定为五年，期满后应进行续期。之后，上市许可的有效性通常应该是无限的。此外，连续三年未使用的许可，即在此期间该药品没有进入欧洲共同体市场，应视为无效。该做法旨在避免维护该许可的管理负担。然而，当出于公众健康考虑时，该规则可以免除。

(36) 包含或由转基因有机体构成的药品可能导致环境风险。因此，有必要对此类产品完成环境风险评估程序，该程序同欧洲议会和欧盟理事会 2001 年 3 月 12 日颁布的第 2001/18 号 (EC) 指令（关于有意将转基因有机体释放到环境中的法规）相似。该评估程序将与欧洲共同体单一程序下相关产品质量、安全性、有效性评估平行进行。

(37) 根据欧盟理事会 1999 年 6 月 28 日颁布的第 1999/468 号 (EC) 决议（规定了欧盟委员会行使所授予权力的程序），采取必要举措确保本法规顺利实施。

(38) 第 1647/2003 号 (EC) 法规修订了第 2309/93 号 (EC) 法规适用于管理局的预算和财政规则以及访问管理局文件的条款，该法规应完全并入本法规。

已采用本法规：

第一篇　定义及适用范围

第 1 条

本法规的目的是制定欧洲共同体对人用药品和兽用药品的许可、监管、药物警戒程序，并建立一个欧洲药品管理局（简称"管理局"）。

本法规的规定不应影响成员国主管部门关于设定药品价格或基于健康、经济和社会条件纳入其国家卫生系统和社会保障计划的权力。特别是，成员国应从产品上市许可所示的细节中自由选择其社会保障团体所涵盖的治疗适应证和包装规格。

第 2 条

第 2001/83 号 (EC) 指令第 1 条和第 2001/82 号 (EC) 指令第 1 条规定的定义适用于本法规目的。

本法规涉及的药品上市许可持有人必须在共同体内确立。无论亲自或通过一个或多个指定代表上市，该持有人均应对这些药品的上市负责。

第 3 条

1. 附件中出现的药品在欧洲共同体依照本法规授予上市许可后方可进入欧洲共同体市场。

2. 根据本法规规定，附件中未出现的如下药品可以获得欧洲共同体上市许可：

(a) 药品包含一个在本法规生效日未被欧洲共同体授予许可的新型活性物质；或

(b) 申请人表明药品包含重大治疗、科学或技术创新或者依照本法规授予许可有益于欧洲共同体患者或动物之健康。

作为欧洲共同体疾病预防措施的治疗动物疾病的免疫兽用药品也可以授予该许可。

3. 由欧洲共同体授予许可的参比药品的仿制药可由成员国主管部门根据第 2001/83 号 (EC) 和第 2001/82 号 (EC) 指令按如下条件授予许可：

(a) 根据第 2001/83 号 (EC) 指令第 10 条以及第 2001/82 号 (EC) 指令第 13 条提交上市许可申请；

(b) 除了仿制药上市时专利法仍涵盖的适应证或剂型产品特性概要外，药品特性概要在所有相关方面应与欧洲共同体授予许可时的概要保持一致；且：

(c) 在递交申请的所有成员国内，仿制药应以相同名称授予许可。对于本条款，不同语言的国际非专有药品名称 (INN) 应被视为名称相同。

4. 在咨询管理局主管委员会后，欧盟委员会可对附件做出调整，使之适应技术和科学进步，并在不扩大集中审批程序的情况下采取必要的修正。

修正本法规非核心要素的措施应符合第 87 条第 (2a) 款所述的监管审查程序。

第 4 条

1. 第 3 条所述上市许可申请应提交给管理局。

2. 欧洲共同体应依照第二篇对人用药品的上市许可进行授予和监管。

3. 欧洲共同体应依照第三篇对兽用药品的上市许可进行授予和监管。

第二篇 人用药品的许可及监管

第一章 上市申请的提交及审查

第 5 条

1. 人用药品委员会特此成立。该委员会隶属于管理局。

2. 在不违反第 56 条之规定或不影响欧洲共同体法律所批准其他任务的情况下，人用药品委员会应负责为欧洲药品管理局草拟关于下列任何问题的意见书：关于按照集中审批程序提交之文件的可采性、关于依据本篇之规定授予、变更、暂停或撤销将人用药品投放市场的许可及药物警戒等问题。为了完成药物警戒任务（包括风险管理体系的审批及监督本法规规定的效率），人用药品委员会应依照第 56 条第 (1) 款 (aa) 项所述药物警戒评估委员会的科学评估和建议进行。

3. 应管理局局长和委员会代表的要求，人用药品管理委员会也应对人用药品评估的科学性问题起草相关意见。委员会应充分考虑成员国的任何请求并作为意见参考。委员会也应在药品评估出现分歧时通过互相认可程序给出自己的意见。该委员会的意见应向公众公布。

第 6 条

1. 人用药品的每份上市申请应明确完整地包含第 2001/83 号 (EC) 指令第 8 条第 (3) 款、第 10 条、第 10a 条、第 10b 条或第 11 条以及附件 I 所述之细节和相关文件。这些细节和文件必须包含一个声明，表明在欧盟之外进行的临床试验符合第 2001/20 号 (EC) 指令的道德要求。这些细节和文件应考虑所要求许可的欧洲共同体独特属性，除与商标法相关的特殊情况外，还应包含药品的使用名称。

申请同时应附支付给管理局的申请审核费用。

2. 若人用药品包含或由转基因有机体构成（请参见第 2001/18 号 (EC) 指令第 2 条定义），申请时应附有：

(a) 根据第 2001/18 号 (EC) 指令 B 部分或欧盟理事会 1990 年 4 月 23 日颁布的第 90/220 号 (EEC) 指令 B 部分关于故意向环境中释放转基因有机体的规定，提供由于研发目的向环境中释放转基因有机体的主管部门书面同意书副本；

(b) 提供第 2001/18 号 (EC) 指令附件Ⅲ和附件Ⅳ要求提供完整信息技术档案；

(c) 根据第 2001/18 号 (EC) 指令附件Ⅱ中规定的原则提供环境风险评估；和

(d) 出于研发目的进行的任何调查结果。

第 2001/18 号 (EC) 指令第 13 至 24 条不适用于包含或含有转基因有机体的人用药品。

3. 管理局应确保人用药品委员会在收到有效申请 210 天内给出意见。

上市许可申请文件科学数据分析时间至少为 80 天，报告员或联合报告员在此之前宣布其已完成评估的情况除外。

基于合理要求，该委员会可以要求延长上市许可申请文件科学数据分析时间。

对于包含或由转基因有机体构成的人用药品，该委员会的意见应当尊重第 2001/18 号 (EC) 指令规定的环境安全要求。在包含或由转基因有机体构成的人用药品上市许可申请评估过程中，报告员应向欧洲共同体或成员国按照第 2001/18 号 (EC) 指令建立的机构进行必要咨询。

4. 欧盟委员会应与管理局、成员国和各利益相关方协商，拟定有关上市申请提交形式的详细指南。

第 7 条
为起草意见，人用药品委员会：

(a) 应确认根据第 6 条提交的细节和文件符合第 2001/83 号 (EC) 指令的要求，并检查是否满足本法规上市许可的特定条件；

(b) 可以要求官方药品控制实验室或某成员国指定的实验室检测人用药品、起始原料、中间体（如适当）或其他组分材料，从而确保制造商所采用的控制方法和申请中所描述的控制方法符合规定；

(c) 可以要求申请人在特定期限内补充申请附带的细节。在上述委员会实行本选项时，第 6 条第 (3) 款第 1 项规定的时限应暂缓至所要求的补充信息提供为止。同样，若需要申请者为其准备口头或书面解释，这个时限也应暂缓。

第 8 条

1. 在收到人用药品委员会书面请求后，成员国应当提供信息，表明药品制造商或第三国进口商能够生产相关药品和 / 或根据第 6 条提供的说明和文件进行必要的控制检测。

2. 若其认为完成应用程序检查需要，该委员会可以要求申请人对相关药品的生产基地进行特定检查。此类检查可以采用突击形式。

该检查应在第 6 条第 (3) 款第 1 项规定的时限内由成员国持有相应资质的检查人员进行；该检查人员可由委员会任命的报告员或专家陪同。

第 9 条

1. 若人用药品委员会持有以下意见，管理局应立即通知申请人：

(a) 申请不符合本法规设定的许可标准；

(b) 申请者提交的产品特性概要需要修订；

(c) 产品标签或包装说明书不符合第 2001/83 号 (EC) 指令第五篇的规定；

(d) 符合第 14 条第 (7) 和 (8) 款的条件方可授予许可。

2. 在收到第 1 款所述意见的 15 日内，申请人可以向管理局递交书面通知，请求对其进行意见复审。在此种情况下，申请人应当在收到意见 60 日内，向管理局提交该请求的详细理由。

在收到请求理由的 60 日内，委员会应当按照第 62 条第 (1) 款第 4 项规定的条件重新审视其意见。得出该结论的原因应附在最终意见后。

3. 受理之日起 15 日内，管理局应将上述委员会的最终意见连同委员会做出的药品评估及其结论原因的报告一并转交给欧盟委员会和各成员国及申请人。

4. 如果意见有利于相关药品上市许可的授予，该意见应附如下相关文件：

(a) 产品特性概要草案，如第 2001/83 号 (EC) 指令第 11 条所述；

第 1235/2010 号指令第 1.2 条第 (a) 款

(a)(a) 有关定期安全更新报告提交频率的建议；

(b) 按照第 2001/83 号 (EC) 指令第六篇规定的标准，供应或使用相关药品的详细条件或限制，包括该药品可提供给患者的条件；

(c) 安全、有效使用该药品的详细建议条件或限制；

(c)(a) 确保药品安全使用纳入风险管理系统的详细建议措施；

(c)(b) 在适当情况下，进行上市后安全研究、遵守记录或报告疑似不良反应（比第三章所述更为严格）的义务细节；

(c)(c) 在适当情况下,应开展上市后有效性研究的建议义务细节（用于对关涉药品有效性某些方面的担忧进行确认，这些担忧仅在药品上市后才能解决）。开展此类研究的义务应基于依照第 10b 条采纳的授权法案，并考虑第 2001/83 号 (EC) 指令第 108a 条所述的科学指导原则；

(d) 根据第 2001/83 号 (EC) 指令第五篇要求由申请人提出的标签和包装说明书草案；

(e) 关于药品临床前研究、临床试验结果以及风险管理系统和相关药品药物警戒系统的评估报告。

第 10 条

1. 在收到第 5 条第 (2) 款所述意见 15 日内，该委员会应就该申请起草一份决定。

若决定草案涉及授予上市许可，其应包含或引用第 9 条第 (4) 款 (a) 至 (d) 点所述文件。

若决定草案涉及依照第 9 条第 (4) 款 (c)、(ca)、(cb) 或 (cc) 点所述条件授予上市许可，必要时，应为满足这些条件设定期限。
若决定草案与管理局的意见不一致，委员会应附详细说明。

决定草案应转发给成员国和申请人。

2. 委员会应当依照第 87 条第 (3) 款所述程序在程序结束后 15 日内做出最后决定。

3. 第 87 条第 (1) 款所述人用药品常务委员会应调整程序规则，以便完成本法规规定的任务。

调整方法如下：

(a) 上述常务委员会应以书面形式提交意见；

(b) 应允许各成员国在 22 日内向欧盟委员会提交关于决定草案的书面意见；然而，如果必须做出紧急决定，则常务委员会主席应根据紧急程度设定较短的期限。除特殊情况外，该时限不应短于5 日；

(c) 各成员国可以书面形式请求在上述常务委员会的全体会议上对第 1 款中所述之决定草案进行讨论，并详细说明原因。

4. 如果依据欧盟委员会的观点，某成员国在书面意见中提出非常重要的、具有科学或技术性质的新问题，且在欧洲药品管理局提交的意见书中，这些问题并未得以解决，则常务委员会主席应中止程序，并将申请发回欧洲药品管理局，供进一步审议。

5. 为贯彻落实第 4 款之规定，欧盟委员会应依据第 87 条第 (2) 款所述之程序采纳必要的条款。

6. 管理局应根据本条第 1 款第 3 项设定的分发期限，分发第 9 条第 (4) 款 (a) 点至 (d) 点中所述之文件。

第 10a 条

1. 在授予上市许可后，管理局可要求上市许可持有人承担以下责任：

(a) 如果担心被授予许可的药品存在风险，应在上市后开展安全性研究。如果对若干药品存在同等担忧，管理局在咨询药物安全风险评估委员会后，可鼓励相关许可持有人在上市后共同开展安全性研究；

(b) 如果从疾病或临床方法中了解到需要大幅度修改先前的有效性评估，则需要在上市后开展有效性研究。应根据第 10b 条采纳的授权法案同时应考虑第 2001/83 号 (EC) 指令第 108a 条所述之科学指导履行上市后有效性研究职责。
应以书面形式正式确认和通知此义务，并且在文件中应包含提交研究和执行研究的目标以及时间表。

2. 如果上市许可持有人在收到书面义务通知后 30 日内提出申请，则管理局应准许其在规定时限内呈递履行相应义务的书面观察报告。

3. 委员会应根据上市许可持有人提交的书面观察报告以及管理局的意见撤销或确认其义务。如果委员会确认义务，则应对上市许可内容进行相应变更，将此义务作为上市许可的一个条件，同时风险管理系统也应进行相应更新。

第 10b 条
1. 为了确定本法规第 9 条第 (4) 款 (cc) 点和第 10a 条第 (1) 款 (b) 点可能要求开展上市后有效性研究的情况，委员会可以采取措施补充第 9 条第 (4) 款 (cc) 点和第 10a 条第 (1) 款 (b) 点规定的内容，所采取的措施应符合第 87b 条规定的授权法案以及第 87c 条和第 87d 条规定的条件。

2. 如果采取授权法案，委员会应根据本法规条款采取行动。

第 11 条

如果申请人在获得相关意见前撤销提交给管理局的产品上市许可申请，申请人应向管理局说明其撤销原因。管理局应在删除涉及到商业机密的部分后公开此信息，如可以，还应公布评估报告。

第 12 条

1. 如果在根据第 6 条提交的说明和文件中发现申请人未能充分证明其药品的质量、安全性和有效性，应拒绝其上市许可申请。

如果申请人根据第 6 条提交的说明和文件不正确，或申请人提交的标签和包装说明书不符合第 2001/83 号 (EC) 指令第五篇规定，也应拒绝其上市许可申请。

2. 拒绝欧洲共同体产品上市许可申请意味着禁止相关药品在整个欧洲共同体范围内上市。

3. 拒绝许可及拒绝理由相关信息应向公众公布。

第 13 条

1. 在不违反第 2001/83 号 (EC) 指令第 4 条第 (4) 和 (5) 款之规定的情况下，依据本法规授予的上市许可应在欧洲共同体范围内有效。依据第 2001/83 号 (EC) 指令第 6 条之规定，在每个成员国内，应针对此类上市许可赋予与该成员国所授予之上市许可同样的权利和义务。

获得许可的人用药品应录入欧洲共同体药品注册系统，然后进行编号，并将编号印在包装上。

2. 应在《欧盟官方期刊》上发布上市许可通知，尤其要引用许可日期和欧洲共同体注册系统中的编号、药品活性成分的任何国际非专有药名 (INN)、药物剂型及任何解剖学与治疗学及化学分类系统代码（ATC 代码）。

3. 在删除商业机密信息之后，欧洲药品管理局应立即发布由人用药品委员会起草的人用药品评估报告及其赞成授予许可的原因。

在欧洲公共评估报告 (EPAR) 中应以公众理解的形式随附一份书面总结。总结中应必须包含关于药品使用条件的内容。

4. 在授予上市许可后，许可持有人应参考各种许可报告并将人用药品实际投放市场的日期通知欧洲药品管理局各成员国。

如果上市许可持有人暂时或永久搁置药品上市计划，那么亦应通知欧洲药品管理局。除特殊情况外，应至少在中止药品上市前 2 个月发出通知。上市许可持有人应依照第 14b 条通知欧洲药品管理局采取上述行动的理由。

应欧洲药品管理局的请求，尤其在具有药物警戒性的背景下，上市许可持有人应向欧洲药品管理局提供关于药品在欧洲共同体层面的所有销量数据（按成员国进行细分）以及任何由许可持有人所掌握的关于处方量的数据。

第 14 条

1. 在不违反第 4、5 和 7 款之规定的情况下，一份上市许可的有效期为 5 年。

2. 五年后，可在欧洲药品管理局对药品的风险收益平衡进行重新评估后，获得上市许可的续期。

为此，依照第 1 款之规定，上市许可持有人应至少在上市许可失效前 9 个月，向管理局提供如下资料：有关质量、安全性与有效性的汇总文件（包括依据第三章提交的疑似不良反应报告和定期安全更新报告中包含的数据评估），以及授予上市许可以来发生的所有变更信息。

3. 在获得续期后，上市许可将无限期有效，除非欧盟委员会基于与药物警戒（包括接触相关药品的患者数量不足）相关的正当理由决定依据第 2 款之规定再增加一个 5 年的续期。

4. 若未能在相关人用药品获得许可后的 3 年内在欧洲共同体的市场上实际上市销售，则任何许可都将失效。

5. 如果获得许可的药品先前已投放市场，但之后连续 3 年再未实际上市销售，则许可失效。

6. 在特殊情况下，基于对公众健康的考虑，对于第 4、5 款的规定，欧盟委员会可予以豁免。但此类豁免必须有正当理由。

7. 与申请人协商后，可以授予许可，但某些具体义务需要管理局每年审核一次。义务清单应向公众公布。

通过豁免第 1 款，上述许可有效期一年，可续期。

旨在对本法规非必要元素进行补充修订的诸多举措应依据第 87 条第 (2a) 款所述之监管审查程序进行。

8. 在特殊情况下，若遵循某些条件，尤其是与药品安全相关的程序，并将关于药品的用途及采取的措施等任何事件通知相关主管部门，那么在与申请者进行商谈后，可授予许可。若出于客观可证明的原因，申请人表示不能就药品在正常使用条件下的有效性和安全性提供综合数据，必须基于第 2001/83 号 (EC) 指令附件 I 中的相关理由授予上市许可。许可的续期取决于每年针对这些条件的重新评估。

9. 申请者在提交人用药品上市许可申请时，若该产品从公共卫生的角度，尤其从治疗方法创新的角度符合大众利益，则可提出加速评估程序的请求。申请者应提供充分事实证据以支持该请求。

如果人用药品委员会接受该请求，则第 6 条第 (3) 款中第 1 项所列之时限规定应缩减至 150 天。

10. 如果人用药品委员会采纳其所提意见,则根据第 2001/83 号 (EC) 指令第 70 条第 (1) 款应附上一份关于处方标准或药品使用标准的意见书。

11. 在不违反工商财产保护法律的前提下，已根据本法规之规定获得许可的人用药品将享有 8 年的数据保护期和 10 年的销售保护期，但若在 10 年销售保护期内的前 8 年期间，上市许可持有人在获得许可之前开展的科学评估期间获得针对一种或多种治疗适应证的新许可，且与目前的治疗方法相比，产品可带来更为显著的临床疗效，则后者的保护期限最长可延长至 11 年。

第 14a 条
上市许可持有人应在其风险管理系统中纳入第 9 条第 (4) 款第 (c)、

(ca)、(cb) 及 (cc) 点、或第 10a 条、第 14 条第 (7) 款和第 (8) 款中所述及的任何条件。

第 14b 条

1. 若上市许可持有人计划采取任何行动以暂停销售某种药品、药品撤市、请求撤销上市许可，或不提出上市许可的续期申请，则应及时通知欧洲药品管理局所采取的行动及采取此类行动的原因。若上市许可持有人基于第 2001/83 号 (EC) 指令第 116 条或第 117 条第 (1) 款中所述之任何理由采取此类行动，则应提交特别声明。

2. 此外，若上市许可持有人依据本条第 1 款之规定及基于第 2001/83 号 (EC) 指令第 116 条或第 117 条第 (1) 款中所述之任何理由在第三国采取此类行动，则亦需通知欧洲药品管理局。

3. 在第 1 款和第 2 款所述之情况下，欧洲药品管理局应向各成员国的主管部门提交相关信息，而不应过分拖延。

第 15 条

依据各成员国适用之现行国家法律，授予许可并不影响制造商或上市许可持有人应承担的民事或刑事责任。

第二章 监管与处罚

第 16 条

1. 依据本法规之规定授予上市许可后，上市许可持有人在第 2001/83 号 (EC) 指令第 8 条第 (3) 款 (d) 点和 (h) 点中所述之生产和控制方法方面，需考虑到科学和技术的进步并引入任何革新举措，进而采用公认的科学方法生产和检验药品。如要进行相应调整，上市许可持有人应依据本法规之规定，提请审批。

2. 如需对第2001/83号(EC)指令第8条第(3)款、第10条、第10a条、第10b条及第11条，或第32条第(5)款、下文附件Ⅰ或本法规第9条第(4)款中所述之细节或文件进行修订，上市许可持有人应及时向欧洲药品管理局、人用药品委员会及各成员国提交所有新信息。

尤其是若主管部门就在任一国家销售药品颁布禁令或限令，或者有任何其他新信息对相关药品的风险收益评估产生影响，则上市许可持有人应及时通知欧洲药品管理局和人用药品委员会。信息应包括临床试验或其他研究在所有适应证和人群中（无论是否包含在上市许可中）所取得的正面和负面结果，以及关于上市许可条款中未包含之药品使用情况的数据。

3. 上市许可持有人应确保产品信息与当前科学知识处于最新状态，包括通过欧洲药品门户网站（根据第26条建立）公布的评估结论和建议。

3a. 为对药品风险收益平衡进行持续评估，欧洲药品管理局可能会随时要求上市许可持有人提交数据，以证明药品风险与收益之间的平衡依然处于有利状态。上市许可持有人应充分及时回应任何此类要求。

欧洲药品管理局可能会随时要求上市许可持有人提交药物警戒系统主文件的副本。上市许可持有人应在收到请求后的7日内提交该文件副本。

4. 人用药品委员会应在与欧洲药品管理局磋商后，以法规的形式采纳关于上市许可变更检查的适当规定。旨在对本法规非必要元素进行补充修订的诸多举措应依据第 87 条第 (2a) 款所述之监管审查程序进行。

第 17 条
上市许可申请人或持有人应负责确保所提交之文件和数据的准确性。

第 18 条
1. 如果药品在欧盟境内生产，则生产监管部门应为成员国中依据第 2001/83 号 (EC) 指令第 40 条第 (1) 款之规定颁发相关药品生产许可的主管部门。

2. 如果药品从第三国进口，则进口监管部门应为成员国中依据第 2001/83 号 (EC) 指令第 40 条第 (3) 款之规定向进口商颁发许可的主管部门，除非欧盟与该出口国之间缔结适用协议，以确保出口国贯彻落实这些控制措施，同时确保制造商应用良好生产规范中的相关标准，至少确保应用欧盟所规定的标准。

某个成员国可能会向其他成员国或欧洲药品管理局请求协助。

3. 药物警戒监管部门应为成员国中保管药物警戒系统主文件的主管部门。

第 19 条
1. 生产和进口监管部门应负责代表欧盟核实欧盟境内的药品上市许可持有人 / 制造商或进口商是否满足第 2001/83 号 (EC) 指令第四篇和第十一篇中所述之相关生产和进口规定。

药物警戒监管部门应负责代表欧盟核实药品上市许可持有人是否满足第 2001/83 号 (EC) 指令第九篇和第十一篇中所述之相关药物警戒规定。如有必要,他们可在颁发许可之前执行检查,以核实是否如申请者在申请资料中所述准确并成功地实施了药物警戒系统。

2. 根据第 2001/83 号 (EC) 指令第 122 条之规定,若各成员国之间就欧洲共同体内的人用药品上市许可持有人、制造商或进口商是否满足第 1 款中所述之规定各持己见,则应通知人用药品委员会。在与相关成员国进行磋商后,人用药品委员会可请监管部门指派一名检查员对上市许可持有人、制造商或进口商开展新一轮检查;同时,应由两名来自非争议成员国的检查员或由人用药品委员会提名的两位专家陪同该检查员执行检查,以免引起争议。

3. 若欧洲共同体与第三国依据第 18 条第 (2) 款之规定缔结任何协议,则人用药品委员会在收到某成员国或上述委员会提出的合理请求后依其职权,可要求位于第三国的制造商接受检查。

应由来自成员国持有适当资质的人员负责执行检查。检查员应由第 2 款中所提及之委员会任命的报告员或专家陪同。检查员应以电子文件形式向欧盟委员会、各成员国及欧洲药品管理局发送报告。

第 20 条

1. 如果任何其他成员国的监管部门或主管部门认为欧洲共同体内的制造商或进口商不再履行第 2001/83 号 (EC) 指令第四篇中规定的义务,则应及时通知人用药品委员会和欧盟委员会,并详细述明持此观点的原因及说明拟采取的行动过程。

若某成员国或欧盟委员会认为第 2001/83 号 (EC) 指令第九篇和第十一篇中拟定的其中一项措施适用于相关药品或上述人用药品委员会依据本法规第 5 条对所产生的影响发表意见，则上述规定同样适用。

2. 欧盟委员会应在限期（应根据事情的紧急性确定具体期限）内请求欧洲药品管理局发表意见，以检验所提出的上述原因。在可行的情况下，应邀请将人用药品投放市场的许可持有人提供口头或书面解释。

3. 在收到欧洲药品管理局提交的意见后，欧盟委员会应采取必要的临时措施，并尽快付诸实施。

依据第 87 条第 (2) 款中所述之规定程序，应在 6 个月内采纳涉及相关药品的最终决策。

依据第 2001/83 号 (EC) 指令第 127a 条之规定，欧盟委员会还可采纳提交给各成员国的某项决策。

4. 如果为保护人类健康或环境而有必要采取紧急行动时，某成员国可依其职权主动或应欧盟委员会的要求，暂停在其境内使用依据本法规获得许可的某种人用药品。

若该成员国依其职权主动采取行动，则最晚应于暂停使用该药品后的下一个工作日向欧盟委员会和欧洲药品管理局通知采取此行动的原因。欧洲药品管理局应迅速通知其他成员国，不得违误。欧盟委员会应立即启动第 2 款和第 3 款中所述之程序。

5. 在这种情况下，该成员国应确保专业医疗人员迅速了解行动详情及采取此类行动的原因。由专业协会建立的网络可用于应对由此所产生的影响。鉴于此，该成员国应向欧盟委员会和欧洲药品管理局通知所采取的行动。

6. 在依据第 87 条第 (3) 款之规定，达成最终决策之前，第 4 款中所述之暂停措施应持续有效。

7. 根据要求，欧洲药品管理局应将最终决策通知任何相关人员，并在做出最终决策后迅速将其向公众公布。

8. 若由于药物警戒性数据评估而启动该程序，则依据本条第 2 款之规定，人用药品委员会应基于药物警戒风险评估委员会的建议采纳欧洲药品管理局的意见，且第 2001/83 号 (EC) 指令第 107j 条第 (2) 款适用。

9. 在第 2001/83 号 (EC) 指令第 31 条或第 107i 条至第 107k 条中，规定了涉及药品的范围或治疗类别的一项程序，而依据本法规获得许可且属于该范围或类别的药品应仅包含在本指令第 31 条或第 107i 条至第 107k 条所规定之程序中，这是本条第 1 款至第 7 款豁免的例外情况。

第三章 药物警戒

第 21 条
1. 对于第 2001/83 号 (EC) 指令第 104 条中规定之上市许可持有人应履行的义务，同样适用于依据本法规获得许可的人用药品上市许可持有人。

作为第 2001/83 号 (EC) 指令第 104 条第 (3) 款 (c) 点豁免的例外情况，在不违反本条第 2 款、第 3 款及第 4 款的情况下，于 2012 年 7 月 2 日之前获得许可的上市许可持有人无需针对每种药品运行风险管理系统。

2. 如第 2001/83 号 (EC) 指令第 104 条第 (3) 款 (c) 点所述，如果担心风险对获得许可的药品的风险效益平衡产生影响，欧洲药品管理局可强制上市许可持有人履行某项义务。在此情况下，对于上市许可持有人计划针对相关药品引入的风险管理系统，欧洲药品管理局还应要求其提交一份详细的说明。

强制履行此类义务应具有正当理由并以书面形式发出通知，通知中应包括针对风险管理系统提交详细说明的具体时限。

3. 如果上市许可持有人在收到强制履行义务通知后的 30 日内提出请求，则欧洲药品管理局应为上市许可持有人提供机会，使其在规定期限内针对强制履行的义务呈交书面意见。

4. 欧盟委员会应基于上市许可持有人提交的书面意见及欧洲药品管理局的意见，做出撤销或批准履行此项义务的决定。如果欧盟委员会批准履行此项义务，则应对上市许可进行相应变更，从而将某些措施纳入风险管理系统，同时将此作为获得第 9 条第 (4) 款 (ca) 点中所述之上市许可的条件。

第 22 条
第 2001/83 号 (EC) 指令第 106a 条第 (1) 款中规定之上市许可持有人应履行的义务及该条第 2 款、第 3 款、第 4 款中规定之各成员国、欧洲药品管理局及欧盟委员会应履行的义务，同样适用于本法规

第 57 条第 (1) 款 (e) 点中所述之关于依据本法规获得许可的人用药品安全公告。

第 23 条

1.欧洲药品管理局应与各成员国合作、制定、保存及对外发布一份需接受额外监管的药品清单。

这份清单中应包含下列药品的名称和活性成分：

(a)2011 年 1 月 1 日之后在欧盟境内获得许可的含有全新活性成分的药品，且在欧盟境内获得许可的任何其他药品中均不含此类活性成分；

(b)2011 年 1 月 1 日之后获得许可的第 (a) 点中未涵盖的任何生物制品；

(c) 依据本法规获得许可的药品，受第 9 条第 (4) 款第 (cb) 点、第 10a 条第 (1) 款第一项 (a) 点、第 14 条第 (7) 款或第 (8) 款中所述之条件约束；

(d) 依据第 2001/83 号 (EC) 指令获得许可的药品，受第 21a 条第 1 款 (b) 点和 (c) 点、第 22 条或第 22a 条第 (1) 款第 1 项 (a) 点中所述之条件约束。

(1)(a) 此外，应欧盟委员会的要求，在与药物警戒风险评估委员会进行磋商后，还可将依据本法规获得许可并受第 9 条第 (4) 款 (c)、(ca)、或 (cc) 点，第 10a 条第 (1) 款第 1 项 (b) 点或第 21 条 (2) 款中所述之条件约束的药品纳入本条第 1 款中所述之药品清单。

应某个国家主管部门的要求，在与药物警戒风险评估委员会进行磋商后，还可将依据第 2001/83 号 (EC) 指令获得许可并受第 21a 条第 1 款 (a)、(d)、(e) 点或 (f) 点，第 22a 条第 (1) 款第 1 项 (b) 点或第 104a 条第 (2) 款中所述之条件约束的药品纳入本条第 1 款中所述之药品清单。

2. 第 1 款中所述之药品清单应包含产品信息和风险管理计划摘要的电子链接。

3. 在本条第 1 款 (a)、(b) 点所述之情况下，自第 2001/83 号 (EC) 指令第 107c 条第 (5) 款中所述之欧盟参考日期起 5 年之后，欧洲药品管理局应将相关药品从该清单中移除。

在本条第 1 款第 (c)、(d) 点和第 1a 款所述之情况下，一旦条件得以满足，欧洲药品管理局应将相关药品从该清单中移除。

4. 对于第 1 款所述之清单中涵盖的药品，在其产品特性概要和包装说明书中应包括"本品需接受额外监管"的声明。在该声明前方应添加一个由欧盟委员会于 2013 年 7 月 2 日之前选定的黑色符号，其后是由药物警戒风险评估委员会提出的建议，最后应紧随适当的标准化解释语句。

4.(a) 在 2018 年 6 月 5 日之前，欧盟委员会应基于各成员国和欧洲药品管理局提供的经验和数据向欧洲议会和欧盟理事会提交一份关于第 1 款所述之药品清单的使用情况报告。

在适当情况下，为调整与第 1 款所述之药品清单有关的规定，欧盟委员会在与各成员国及其他适当的利益相关者进行磋商后，应基于该报告提交一份议案。

第 24 条

1.欧洲药品管理局应与各成员国和欧盟委员会合作,建立一个数据库和数据处理网络(以下简称为"药物警戒系统数据库")并进行维护,以汇整关于在欧盟境内获得许可之药品的药物警戒信息,并允许主管部门同时查看和分享该信息。

药物警戒系统数据库应包含关于在上市许可期限内及在超出上市许可期限后因使用药品而在人体内产生疑似不良反应的信息,以及关于在上市后的研究过程中发生的疑似不良反应或因职业性接触而引起的疑似不良反应等信息。

2.欧洲药品管理局应与各成员国和欧盟委员会合作,草拟药物警戒系统数据库的功能规范以及实施的时间框架。

欧洲药品管理局应编制一份关于药物警戒系统数据库的年度报告并将其发送给欧洲议会、欧盟理事会及欧盟委员会。首份年度报告应在 2013 年 1 月 2 日之前完成编制。

当药物警戒系统数据库实现全部功能,且该系统满足依据第 1 项草拟的功能规范时,欧洲药品管理局管理委员会应基于采纳药物警戒风险评估委员会建议的独立审计报告正式批准并公布功能规范。

在对药物警戒系统数据库和功能规范进行重大调整时,应考虑药物警戒风险评估委员会提供的建议。

各成员国的主管部门、欧洲药品管理局及欧盟委员会皆可全面访问药物警戒系统数据库。同时，上市许可持有人在履行其药物警戒义务时，可在必要情况下访问药物警戒系统数据库。

欧洲药品管理局应确保医疗保健专业人士和公众享有药物警戒系统数据库适当的访问权限，同时保证个人数据受到保护。为确定医疗保健专业人士和公众对药物警戒系统数据库的"适当访问权限"，欧洲药品管理局应与所有利益相关者合作磋商，包括研究机构、医疗保健专业人士及患者和消费者组织。

药物警戒系统数据库中保存的数据应以汇总的形式结合关于如何理解数据的说明供公众访问。

3. 欧洲药品管理局应与向药物警戒系统数据库提交个体疑似不良反应报告的上市许可持有人或成员国合作，共同负责运营程序，以确保药物警戒系统数据库中收集之信息具有高品质和完整性。

4. 欧洲药品管理局收到上市许可持有人提交至药物警戒系统数据库的个体疑似不良反应报告及后续报告后，应以电子文件形式将报告传送给发生不良反应的成员国主管部门。

第 25 条
欧洲药品管理局应与各成员国合作，编制基于网络的标准结构表格，用于医疗保健专业人士和患者依据第 2001/83 号 (EC) 指令第 107a 条中所述之规定报告疑似不良反应。

第 25a 条
欧洲药品管理局应与国家主管部门和欧盟委员会合作，建立定期安全更新报告和相应评估报告的存储库（以下简称为"存储库"）

并进行维护，以便供欧盟委员会、国家主管部门、药物警戒风险评估委员会、人用药品委员会及第 2001/83 号 (EC) 指令第 27 条中提及之协调小组（以下简称为"协调小组"）全面永久访问。

在与药物警戒风险评估委员会进行磋商后，欧洲药品管理局应与国家主管部门和欧盟委员会合作，草拟该存储库的功能规范。

当存储库实现全部功能，且满足依据第 2 项草拟的功能规范时，欧洲药品管理局管理委员会应基于采纳药物警戒风险评估委员会建议的独立审计报告正式批准并公布功能规范。

在对存储库和功能规范进行任何重大调整时，应始终考虑药物警戒风险评估委员会提供的建议。

第 26 条
1. 欧洲药品管理局应与各成员国和欧盟委员会合作，建立欧洲药品门户网站并进行维护，用于传播在欧盟境内获得许可之药品的相关信息。欧洲药品管理局应通过门户网站至少向公众公布下列信息：

(a) 本法规第 56 条第 (1) 款 (a) 点和 (aa) 点中提及之委员会成员和协调小组成员的姓名，以及他们的职业资质和本法规第 63 条第 (2) 款中提及之声明；

(b) 本法规第 56 条第 (1) 款 (a) 点和 (aa) 点中提及之委员会和协调小组就药物警戒活动召开的每次会议的议程和备忘录；

(c) 依据本法规获得许可之药品的风险管理计划摘要；

(d) 本法规第 23 条中提及之药品清单；

(e) 在欧盟境内保管药物警戒系统主文件的地点清单和用于查询在欧盟境内获得许可的所有药品药物警戒问题的联系信息；

(f) 关于如何向国家主管部门报告药品疑似不良反应的信息及第 25 条中提及之供患者和医疗保健专业人士通过网络报告问题的标准结构表格，包括国家网站的链接；

(g) 依据第 2001/83 号 (EC) 指令第 107c 条确立的欧盟参考日期和定期安全更新报告的提交频率；

(h) 协议和上市后安全性研究（如第 2001/83 号 (EC) 指令第 107n 条和第 107p 条之所述）结果公共摘要；

(i) 第 2001/83 号 (EC) 指令第 107i 条至第 107k 条中所述之程序的启动、活性成分或相关药品和正在解决的问题、依据该程序举行的任何公开听证会，以及关于如何提交信息和参加公开听证会的信息；

(j) 在本法规第 28、28a 及 28b 条，第 2001/83 号 (EC) 指令第三章第 2、3 节及第九篇第四章规定的程序框架中，由本法规第 56 条第 (1) 款 (a) 点和 (aa) 点中提及之委员会、协调小组、国家主管部门及欧盟委员会采纳的评估结论、建议、意见、审批及决策。

2. 在启用该门户网站之前及在随后的审查过程中，欧洲药品管理局应与利益相关者进行协商，包括患者和消费者团体、医疗保健专业人士和行业代表。

第 27 条

1. 欧洲药品管理局应严密监管选定的医学文献，以报告含有某些活性成分的药品引起的疑似不良反应。同时，应公布接受监管的活性成分清单和受到监管的医学文献。

2. 欧洲药品管理局应将摘自选定医学文献的相关信息录入药物警戒系统数据库。

3. 欧洲药品管理局应与欧盟委员会、各成员国及利益相关方进行磋商，就医学文献的监管问题草拟一份详细的指南，并将相关信息录入药物警戒系统数据库。

第 28 条

1. 记录和报告依据本法规获得许可的人用药品产生的疑似不良反应，为第2001/83号(EC)指令第107条和第107a条中所规定之上市许可持有人和各成员国应履行的义务。

2. 提交定期安全更新报告、确定欧盟参考日期及改变依据本法规获得许可的人用药品定期安全更新报告的提交频率，均为第2001/83号(EC)指令第107b条中规定之上市许可持有人应履行的义务，且应遵守该指令第107b条和第107c条规定之程序。

2012年7月2日之前获得许可的上市许可持有人应遵守该指令第107c条第(2)款第2项中规定之定期安全更新报告的适用条款，但并未对定期安全更新报告的提交频率和日期作为获得上市许可的条件进行明确规定，直至在上市许可中规定或依据该指令第107c条确定报告提交的其他频率或日期。

3. 应由药物警戒风险评估委员会任命的报告员执行定期安全更新报告的评估。该报告员应与人用药品委员会任命的报告员或相关药品的参照国紧密合作。

报告员应在收到定期安全更新报告后 60 日内编制一份评估报告，随后将报告发送给欧洲药品管理局及药物警戒风险评估委员会的成员。欧洲药品管理局应将报告发送给上市许可持有人。在收到评估报告后 30 日内，上市许可持有人和药物警戒风险评估委员会的成员可向欧洲药品管理局和报告员提交意见。

在收到意见书后（如第 3 项所述），报告员应采纳提交的任何意见并在 15 日内更新评估报告，然后将报告发送给药物警戒风险评估委员会。 药物警戒风险评估委员会应在下一次会议上通过该评估报告（决定做出或不做出修改）并提出建议。 建议中应提及不同的立场并提供所依据的理由。 欧洲药品管理局应将采纳的评估报告和建议存入依据第 25a 条建立的存储库，然后将二者转发给上市许可持有人。

4. 如果评估报告针对上市许可提出任何行动建议，人用药品委员会应在收到药物警戒风险评估委员会发送的报告后 30 日内对报告进行审议，并采纳关于保留、变更、暂停或撤销相关上市许可的意见，包括将这些意见付诸实施的时间表。 如果人用药品委员会提出的意见与药物警戒风险评估委员会提出的建议存在分歧，那么人用药品委员会应随其意见附上药物警戒风险评估委员会所提出的建议及包含科学理由的详细说明。

如果人用药品委员会提出的意见表明有必要针对上市许可采取监管行动，那么欧盟委员会应决定是否采纳旨在变更、暂停或撤销上市许可的决定。应依据本法规第 10 条之规定决定是否采纳该项决定。如果欧盟委员会采纳此项决定，那么依据第 2001/83 号 (EC) 指令第 127a 条之规定，欧盟委员会还可采纳一项提交给各成员国的决定。

5. 对于依据第 2001/83 号 (EC) 指令第 107e 条第 (1) 款获得的多个上市许可的一个定期安全评估更新报告，若其中至少有一个是依据本法规获得上市许可，则该指令第 107e 和 107g 条规定的程序应适用。

6. 本条第 3 至 5 款所述最终建议、意见和决定应通过第 26 条所述欧洲药品门户网站进行公开。

第 28a 条
1. 对于依据本法规获得上市许可的人用药品，管理局应与成员国一起共同采取以下措施：

(a) 监督风险管理计划中包含的风险最小化措施成果以及在第 9 条第 (4) 款 (c)、(ca)、(cb) 和 (cc) 点或第 10a 条第 (1) 款 (a)、(b) 点以及第 14 条第 (7)、(8) 款所述条件的实现情况；

(b) 评定风险管理系统的更新情况；

(c) 监督风险警戒系统数据库中的数据，以便确定是否存在新的风险，风险是否已发生改变以及该风险是否对风险收益平衡产生影响。

2. 药物警戒风险评估委员会应履行初步分析并对出现的新风险、风险发生改变或风险收益平衡发生改变等迹象给予优先处理。若有必要采取后续行动，应根据问题的严重性和范围按时对上述迹象进行评估并对该上市许可的下一步行动达成一致。

3. 管理局和国家主管部门以及上市许可持有人应在侦测出新风险、风险发生改变或风险收益平衡发生改变时相互通知。

第 28b 条

1. 对于依本法规获得许可的人用药品之非介入性上市后安全性研究，若满足本法规第 10 条和第 10a 条所述要求之一，则第 2001/83 号 (EC) 指令第 107m 条第 3 至 7 款、第 107n 条至 107p 条以及第 107q 条第 (1) 款规定的程序应适用。

2. 若依据本条第 1 款所述程序，药物警戒风险评估委员会对上市许可提出修改、暂停或撤销建议，人用药品委员会应参考该建议并提出意见，委员会应根据第 10 条做出决定。

若人用药品委员会的意见与药物警戒风险评估委员会意见不符，人用药品委员会应在提出建议时附上科学依据并做出详细解释。

第 28c 条

1. 管理局应同世界卫生组织就药物警戒问题进行合作，同时采取必要措施，并就欧盟采取的对第三方国家公众健康保护有影响的措施，向其及时、适当并充分地提供相关信息。

对于欧盟内发生的所有疑似不良反应报告，管理局应及时通知世界卫生组织。

2. 管理局和欧洲毒品和毒瘾检测中心应就收到的滥用药物产品

（包括有关非法药物）的信息交换意见。管理局与药品和药品成瘾监控中心应就其各自收到的关于药品滥用（包括违禁药品）的相关信息进行信息交换。

第 28d 条

应委员会的要求，管理局应与各成员国展开合作，参与药物警戒相关技术措施的国际协调和标准化工作。

第 28e 条

管理局和各成员国应保持合作，以期药物警戒系统能够对所有药品（从上市许可的实现路径到协同方法）都能达到保护公众健康的高标准，以期最大程度地利用欧盟资源。

第 28f 条

管理局应对药物警戒职责独立开展定期审计工作，并且每两年向管理委员会汇报。

第 29 条

委员会最迟应在 2014 年 1 月 2 日前向公众发布管理局实施的药物警戒任务绩效报告，以后每 3 年发布一次。

第三篇 兽用药品的许可及监管

第一章 上市申请的提交及审查

第 30 条

1. 兽用药品委员会特此成立。该委员会隶属于管理局。

2. 在不违反第 56 条之规定及不影响欧洲共同体法律（尤其是依据第 2377/90 号 (EEC) 法规）所批准的其他任务的情况下，兽用药品委员会应负责为欧洲药品管理局草拟关于下列任何问题的意见书：如关于按照集中审批程序提交之文件的可采性、关于依据本篇之规定授予、变更、暂停或撤销将兽用药品投放市场的许可及药物警戒等问题。

3. 应欧洲药品管理局局长或欧盟委员会代表的要求，兽用药品委员会还应草拟关于兽用药品评估等一切科学事宜的意见书。兽用药品委员会应充分考虑各成员国提出的关于征求意见的任何请求。在通过共识程序对兽用药品进行评估的过程中产生异议时，兽用药品委员会亦应确切地阐述意见。应对外公布由兽用药品委员会提交的意见书。

第 31 条

1. 在每份兽用药品上市申请中应具体而详尽地提供第 2001/82 号 (EC) 指令第 12 条第 (3) 款、第 13 条、第 13a 条、第 13b 条及第 14 条和附件 I 中所述之资料和文件。除商标法适用的特殊情况外，这些资料和文件均应考虑所申请之许可具有的独特欧洲共同体性质，且应包括药品唯一名称的使用信息。

在提交申请时，应同时向欧洲药品管理局缴纳用于验证申请的费用。

2. 如果兽用药品中含有或包含第 2001/18 号 (EC) 指令第 2 条中所定义的转基因生物，则还应随申请一起提交下列文件：

(a) 主管部门就出于研发之目的向环境中慎重排放转基因生物的书面同意书副本，如第 2001/18 号 (EC) 指令 B 部分或第 90/220 号 (EEC) 指令 B 部分所述；

(b) 提供第 2001/18 号 (EC) 指令附件Ⅲ和附件Ⅳ中所规定之信息的完整技术文件；

(c) 依据第 2001/18 号 (EC) 指令附件Ⅱ中所述之原则执行的环境风险评估报告；以及

(d) 出于研发之目的执行的任何调查的结果。

第 2001/18 号 (EC) 指令第 13 至 24 条不适用于含有转基因生物的兽用药品。

3. 欧洲药品管理局应确保兽用药品委员会在收到有效申请后 210 天内提交意见书。

如果兽用药品中含有转基因生物，则上述兽用药品委员会的意见应符合第 2001/18 号 (EC) 指令中规定的环境安全要求。依据第 2001/18 号 (EC) 指令，在评估含有转基因生物的兽用药品上市许可的申请程序期间，报告员应与由欧洲共同体或各成员国组建的机构进行必要的磋商。

4. 欧盟委员会应与欧洲药品管理局、各成员国及利益相关方磋商，草拟一份关于上市申请提交形式的详细指南。

第 32 条
1. 为编制意见书，兽用药品委员会：

(a) 应核实依据第 31 条提交的资料和文件是否符合第 2001/82 号 (EC) 指令的要求，并审查是否满足本法规针对授予上市许可所指定的条件；

(b) 可申请官方药品控制实验室或某成员国指定的实验室，用于检测兽用药品、起始原料、中间体（如适当）或其他组分材料，从而确保制造商所采用的控制方法和申请中所描述的控制方法符合规定；

(c) 可申请欧洲共同体参考实验室、官方药品控制实验室或某成员国指定的实验室，用于验证申请者出于履行第 2001/82 号 (EC) 指令第 12 条第 (3) 款 (j) 点第 2 项之规定而提出的分析检测方法（利用申请者提供的样本）是否符合规定，以及是否适用于检测存在的残留量，尤其是否适用于检测欧洲共同体依据第 2377/90 号 (EEC) 法规条款公布的可接受最高残留量；

(d) 可要求申请者在指定期限内随申请补交一些详细资料。如果上述兽用药品委员会赞成此意见，则第 31 条第 (3) 款第 1 项中所述之期限应延缓，直至申请者提供所要求的补充信息。同样地，也应延缓期限，以便为申请者留出准备口头或书面说明的时间。

2. 在未依据第 2377/90 号 (EEC) 法规由上述实验室对分析方法进行验证的情况下，应在本条所述之机构内执行验证。

第 33 条

1. 成员国在收到兽用药品委员会提交的请求后，应提供相关信息，以认定兽用药品制造商或来自第三国的进口商能否依据第 31 条提供的资料和文件制造相关兽用药品及 / 或执行必要的控制检测。

2. 如果为完成申请的审查而认为有必要如此，则上述兽用药品委员会可要求申请者的相关兽用药品制造工厂接受具体的检查。此类检查可以采用突击形式。

检查应由该成员国拥有适当资质的检查员在第 31 条第 (3) 款第 1 项中所述之限期内完成；检查员应在上述兽用药品委员会委任的报告员或专家的陪同下执行检查。

第 34 条

1. 如果兽用药品委员会提出下列意见，那么欧洲药品管理局应及时通知申请者：

(a) 申请不符合本法规中所述之许可标准；

(b) 应对产品特性总结进行修改；

(c) 产品标签或包装说明书不符合第 2001/82 号 (EC) 指令第五篇的规定；

(d) 应按照第 39 条第 (7) 款中所述之条件授予许可。

2. 在收到第 1 款所述之意见书后，申请者可于 15 日内向欧洲药品管理局发出书面通知，通知中应说明其希望对所提出的意见进行重新审查的请求。在此情况下，申请者应在收到意见书后的 60 日内向欧洲药品管理局提交详细的请求理由说明。

上述兽用药品委员会应在收到请求理由说明后的 60 日内，依据第 62 条第 (1) 款第 4 项中所规定之条件对其意见进行重新审查。在最终意见书中应随附得出相关结论的原因。

3.欧洲药品管理局在采纳上述兽用药品委员会提交的最终意见书后 15 日内，应将该最终意见书随同兽用药品管理局编写的兽用药品评估报告一起呈送给欧盟委员会、各成员国以及申请者，同时说明得出此结论的原因。

4.如果提出的意见赞同授予将相关兽用药品投放市场的许可，则意见书应随附下列文件：

(a) 产品特性总结草案，如第 2001/82 号 (EC) 指令第 14 条中所述；在适当情况下，该草案应反映各成员国兽医服务状况的差异；

(b) 如果将兽用药品给食用家畜服用，需提交一份关于欧洲共同体依据第 2377/90 号 (EEC) 法规制定的可接受的最高残留量的说明；

(c) 针对相关兽用药品的提供或使用而依据第 2001/82 号 (EC) 指令所规定之标准施加的任何条件或限制的详细说明，包括可以向用户提供兽用药品的条件；

(d) 针对安全而有效地使用兽用药品而建议施加的任何条件或限制的详细说明；

(e) 由申请者依据第 2001/82 号 (EC) 指令第五篇之规定提交的标签和包装说明书的草拟文本；

(f) 评估报告。

第 35 条
1.欧盟委员会在收到第 30 条第 (2) 款中所述之意见书后 15 日内，

应拟定一份关于申请的决定草案。

如果决定草案假定授予上市许可，则应随附或参考第 34 条第 (4)
款 (a) 点至 (e) 点中提及的文件。

如果决定草案未依循欧洲药品管理局的意见，则欧盟委员会应针
对所存在的分歧随附一份详细的原因说明。

应将决定草案发送给各成员国和申请者。

2. 在完成第 87 条第 (3) 款所述之程序后 15 日内，欧盟委员会应
依据该条款中的相关程序做出最终决定。

3. 第 87 条第 (1) 款中所提及之兽用药品常务委员会可适当调整其
议事规则，以充分考虑本法规所分配的任务。经调整后，应规定：

(a) 上述兽用药品常务委员会应以书面形式提交意见；

(b) 应允许各成员国在 22 日内向欧盟委员会提交关于决定草案的
书面意见；如果必须做出紧急决定，常务委员会主席应根据紧急
程度设定较短的期限。除特殊情况外，该期限不得少于 5 日；

(c) 各成员国可以书面形式请求在上述兽用药品常务委员会的全体
会议上对第 1 款中所述之决定草案进行讨论，并详细说明原因。

4. 如果依据欧盟委员会的观点，某成员国在书面意见中提出非常
重要的具有科学或技术性质的新问题，且在欧洲药品管理局提交
的意见书中，这些问题并未得以解决，则常务委员会主席应中止

程序，并将申请发回欧洲药品管理局，供进一步审议。

5. 为贯彻落实第 4 款之规定，欧盟委员会应依据第 87 条第 (2) 款中所述之程序采纳必要的条款。

6. 欧洲药品管理局应分发第 34 条第 (4) 款 (a) 点至 (e) 点中所提及之文件。

第 36 条

如果申请者在欧洲药品管理局对其提交的上市许可申请提出意见之前撤回申请，那么申请者应向欧洲药品管理局说明撤回申请的原因。欧洲药品管理局在删除具有商业机密性质的所有信息之后，应将此信息公布于众，同时发布评估报告（如有）。

第 37 条

1. 在对依据第 31 条之规定提交的资料和文件进行核实后，如存在下列情形，将拒绝授予上市许可：

(a) 申请者未妥善或充分证明兽用药品的质量、安全性或有效性；

(b) 在涉及畜牧业兽用药品和功能促进药物的情况下，未充分考虑动物的安全和健康和 / 或消费者的安全；

(c) 申请者建议的停喂期不够长，无法确保"以接受治疗之动物"为原料的食品中不含某些残留物，因此，这可能对消费者的健康造成威胁或不能充分证明事实；

(d) 依据欧洲共同体的其他规定，禁止将该兽用药品用于所提议的用途。

如果由申请者依据第 31 条提交的资料或文件不正确或由申请者提出的标签和包装说明书不符合第 2001/82 号 (EC) 指令第五篇的规定，则同样会拒绝授予许可。

2. 拒绝授予欧洲共同体上市许可应视为禁止在欧洲共同体范围内将相关兽用药品投放市场。

3. 拒绝授予许可的所有信息及拒绝的原因均应对外公布。

第 38 条

1. 在不违反第 2001/82 号 (EC) 指令第 71 条之规定的情况下，依据本法规授予的上市许可应在欧洲共同体范围内有效。依据第 2001/82 号 (EC) 指令第 5 条之规定，在每个成员国内，应针对此类上市许可赋予与该成员国所授予之上市许可同样的权利和义务。

应将获得许可的兽用药品录入欧洲共同体药品注册系统，然后进行编号，并将编号印在包装上。

2. 应在《欧盟官方期刊》上发布上市许可通知，尤其要引用许可日期和欧洲共同体注册系统中的编号、药品活性成分的任何国际非专有药名 (INN)、药物剂型及任何解剖学与治疗学及化学分类系统兽药代码（ATC 兽药代码）。

3. 在删除商业机密信息之后，欧洲药品管理局应立即发布由兽用药品委员会起草的兽用药品评估报告及其赞成授予许可的原因。

在欧洲公共评估报告 (EPAR) 中应以公众理解的形式随附一份书

面总结。总结中应必须包含关于药品使用条件的内容。

4. 在授予上市许可后，许可持有人应根据许可内容，将兽用药品实际投放各成员国市场的日期通知欧洲药品管理局。

如果许可持有人暂时或永久搁置将药品投放市场的计划，那么亦应通知欧洲药品管理局。除特殊情况外，应至少在中止将药品投放市场前 2 个月发出通知。

应欧洲药品管理局的请求，尤其在具有药物警戒性的背景下，上市许可持有人应向欧洲药品管理局提供关于药品在欧洲共同体层面的所有销量数据（按成员国进行细分）以及任何由许可持有人所掌握的关于处方量的数据。

第 39 条

1. 在不违反第 4 款和第 5 款之规定的情况下，一份上市许可的有效期为 5 年。

2. 五年后，可在欧洲药品管理局对药品风险收益平衡进行重新评估后，获得上市许可的续期。
为此，依据第 1 款之规定，上市许可持有人应至少在上市许可失效前 6 个月，提交一份汇整所有关于药品质量、安全性及有效性文件的清单，包括自获得上市许可后发生的所有变更。欧洲药品管理局可随时要求申请者提交所列的文件。

3. 在获得续期后，上市许可将无限期有效，除非欧盟委员会基于与药物警戒相关的正当理由决定依据第 2 款之规定再增加一个 5 年的续期。

4. 若未能在相关兽用药品获得许可后的 3 年内在欧洲共同体的市场上实际上市销售，则许可失效。

5. 如果获得许可的药品先前已投放市场，但之后连续 3 年再未实际上市销售，则许可失效。

6. 在特殊情况下，基于对公众和 / 或动物健康的考虑，对于第 4 款和第 5 款的规定，欧盟委员会可予以豁免，但此类豁免必须有正当理由。

7. 在特殊情况下，若申请者需要引入特殊程序，尤其与产品安全相关的程序，并将关于药品的用途及采取的措施等任何事件通知相关主管部门，则在与申请者进行商谈后，可授予许可。仅可基于可验证的客观原因授予许可。

许可的续期取决于针对这些条件重新进行的年度评估。

8. 申请者在提交兽用药品上市许可申请时，若该产品从动物健康的角度，尤其从治疗方法创新的角度来看符合大众利益，则可提出加速评估程序的请求。申请者应提供充分事实证据以支持该请求。

如果兽用药品委员会接受该请求，则第 31 条第 (3) 款第 1 项所列之时限规定应缩减至 150 天。

9. 如果兽用药品委员会采纳其所提意见，则应附上一份关于处方开具条件或兽用药品使用的意见书。

10. 已根据本法规之规定获得许可的兽用药品将享有第 2001/82 号

(EC) 指令第 13 条和第 13a 条中所述之保护规定的保护。

第 40 条

依据各成员国适用之现行国家法律，授予许可并不影响制造商或上市许可持有人应承担的民事或刑事责任。

第二章 监管与处罚

第 41 条

1. 依据本法规之规定授予上市许可后，上市许可持有人在第 2001/82 号 (EC) 指令第 12 条第 (3) 款 (d) 点和 (i) 点中所述之生产和控制方法方面，需考虑到科学和技术的进步并施行任何必要的革新举措，从而能够采用公认的科学方法生产和检验药品。如要施行这些革新举措，上市许可持有人应依据本法规之规定，提请审批。

2. 某成员国的主管部门或欧洲药品管理局可要求上市许可持有人提供足量药品用于执行测试，以检测相关兽用药品在以动物为原料的食品中是否存在残留。

3. 应某成员国主管部门或欧洲药品管理局的要求，上市许可持有人应提供专业技术知识，以便由欧洲共同体参考实验室或国家参考实验室（如适当，依据 1996 年 4 月 29 日颁布的第 96/23 号 (EC) 欧盟理事会指令所指定）促进实施检测兽用药品残留量的分析方法，并采取相关措施，监测活体动物和动物产品中是否含有某些物质及其残留量如何。

4. 如需对第 2001/82 号 (EC) 指令第 12 条第 (3) 款、第 13 条、第 13a 条、

第 13b 条及第 14 条，下文附件 I 或本法规第 34 条第 (4) 款中所述之资料或文件进行修订，上市许可持有人应及时向欧洲药品管理局、欧盟委员会及各成员国提交全部新信息。

若任何国家的主管部门就在其国内销售兽用药品颁布任何禁令或限令，以及任何其他新信息对相关兽用药品的风险收益评估产生影响，则上市许可持有人应及时通知欧洲药品管理局、欧盟委员会及各成员国。

为对药品风险收益平衡进行持续评估，欧洲药品管理局可能会随时要求上市许可持有人提交数据，以证明药品风险与收益之间的平衡依然处于有利状态。

5. 如果兽用药品上市许可持有人提出对第 4 款中提及之资料和文件进行任何修改，则应向欧洲药品管理局提交相关申请。

6. 欧盟委员会应在与欧洲药品管理局磋商后，以法规的形式采纳关于上市许可变更检查的适当规定。旨在对本法规非必要元素进行补充修订的诸多举措应依据第 87 条第 (2a) 款所述之监管审查程序。

第 42 条
上市许可申请人或持有人应负责确保所提交之文件和数据的准确性。

第 43 条
1. 如果兽用药品在欧洲共同体境内生产，则生产监管部门应为成员国中依据第 2001/82 号 (EC) 指令第 44 条第 (1) 款之规定针对相关兽用药品的生产颁发生产许可的主管部门。

2. 如果兽用药品从第三国进口，则进口监管部门应为成员国中依据第 2001/82 号 (EC) 指令第 44 条第 (3) 款之规定向进口商颁发许可的主管部门，除非欧洲共同体与该出口国之间缔结适用协议，以确保出口国贯彻落实这些控制措施，同时确保制造商应用良好生产规范中的相关标准，至少确保应用欧洲共同体所规定的标准。

某个成员国可能会向其他成员国或欧洲药品管理局请求协助。

第 44 条

1. 监管部门应负责代表欧洲共同体核实欧洲共同体境内的兽用药品上市许可持有人、制造商或进口商是否满足第 2001/82 号 (EC) 指令第 4 篇、第 7 篇及第 8 篇中所述之相关规定。

2. 根据第 2001/82 号 (EC) 指令第 90 条之规定，若各成员国之间就欧洲共同体内的兽用药品上市许可持有人、制造商或进口商是否满足第 1 款中所述之规定各持己见，则应通知欧盟委员会。在与相关成员国进行磋商后，欧盟委员会可请监管部门指派一名检查员对上市许可持有人、制造商或进口商开展新一轮检查；同时，应由两名来自非争议成员国的检查员或由兽用药品委员会提名的两位专家陪同该检查员执行检查，以免引起争议。

3. 若欧洲共同体与第三国依据第 43 条第 (2) 款之规定缔结任何协议，则欧盟委员会在收到某成员国或上述兽用药品委员会提出的合理请求后或依其职权，可要求位于第三国的制造商接受检查。

应由来自成员国持有适当资质的人员负责执行检查；检查员应由

上述兽用委员会任命的报告员或专家陪同。检查员应向欧盟委员会、各成员国及上述兽用药品委员会发送报告。

第 45 条

1. 如果其他成员国的任何监管部门或主管部门认为欧洲共同体内的制造商或进口商未履行第 2001/82 号 (EC) 指令第 7 篇中规定的义务，则应及时通知兽用药品委员会和欧盟委员会，详细述明持此观点的原因并说明拟定的行动过程。

若某成员国或欧盟委员会认为第 2001/82 号 (EC) 指令第八篇中拟定的其中一项措施适用于相关兽用药品或上述兽用药品委员会依据本法规第 30 条对所产生的影响发表意见，则上述规定同样适用。

2. 欧盟委员会应在限期（应根据事情的紧急性确定具体期限）内请求欧洲药品管理局发表意见，以检验所提出的原因。在可行的情况下，应邀请药品许可持有人提供口头或书面解释说明。

3. 在收到欧洲药品管理局提交的意见后，欧盟委员会应采取必要的临时措施，并尽快付诸实施。

依据第 87 条第 (3) 款所述之程序，应在 6 个月内通过最终决定。

4. 如果为保护人类或动物健康以及环境而有必要采取紧急行动时，某成员国可依其职权主动或应欧盟委员会的要求，暂停在其境内使用依据本法规获得许可的某种兽用药品。

若该成员国依其职权主动采取行动，则最晚应于暂停使用该药品后的下一个工作日向欧盟委员会和欧洲药品管理局通知采取此行动的原因。欧洲药品管理局应迅速通知其他成员国，不得违误。欧盟委员会应立即启动第 2 款和第 3 款中所述之程序。

5. 在这种情况下，该成员国应确保专业医疗人员迅速了解行动详情及采取此类行动的原因。由专业协会建立的网络可用于应对所产生的影响。鉴于此，该成员国应向欧盟委员会和欧洲药品管理局通知所采取的行动。

6. 在依据第 87 条第 (3) 款之规定，达成最终决定之前，第 4 款中所述之暂停措施应持续有效。

7. 根据要求，欧洲药品管理局应将最终决定通知任何相关人员，并在做出最终决定后迅速将其向公众公布。

第三章 药物警戒

第 46 条
为履行本章之规定，第 2001/82 号 (EEC) 指令第 77 条第 (2) 款之规定适用。

第 47 条
欧洲药品管理局应与依据第 2001/82 号 (EC) 指令第 73 条之规定建立的国家药物警戒系统密切合作，接收所有与兽用药品（已依据本法规获得欧洲共同体授予的许可）相关之疑似不良反应的信息。在适当情况下，兽用药品委员会应依据本法规第 30 条之规定草拟一份关于必要措施的意见书，并应将这些意见对外公布。

在这些措施中，可包含对依据第 35 条之规定授予之上市许可的修订，应依据第 87 条第 (3) 款中所述之程序采纳这些意见。

依据本法规之规定，上市许可持有人和各成员国的主管部门应确保提醒欧洲管理局注意获得许可之兽用药品产生之疑似不良反应的所有相关信息。应建议动物所有者和养殖者向医疗保健专业人士和负责药物警戒的国家主管部门报告一切不良反应。

第 48 条
依据本法规在授予之兽用药品上市许可持有人应长期持续派遣一名具有适当资质者负责药物警戒。

这位持有资质者应居住于欧洲共同体境内，并负责下列事宜：

(a) 建立和管理一套系统，用于确保对报告至公司相关人员和医药代表的所有疑似不良反应信息进行收集、评估及整理，这样在欧洲共同体境内的一个地点即可完成评估；

(b) 依据本法规之规定，为各成员国的主管部门和欧洲药品管理局编制第 49 条第 (3) 款中所述之报告；

(c) 主管部门会要求提供更多必要信息用于评估兽用药品的风险收益。因此，应负责确保充分及时地应对主管部门的任何请求，包括提供关于相关兽用药品的销售量或处方量等信息；

(d) 向主管部门提供关于兽用药品风险收益评估的任何其他信息，尤其是关于上市后安全性研究信息，包括关于停喂期的有效性、预期疗效的欠缺或潜在的环境问题等信息。

第 49 条

1. 兽用药品上市许可持有人应确保妥善记录依据本法规之规定授予许可的兽用药品在欧洲共同体境内发生的所有重度疑似不良反应和人体不良反应事件，并提请医疗保健专业人士注意，同时最迟应在收到此类信息后的 15 日内及时向欧洲共同体境内的各成员国报告所发生的此类事件。

根据第 51 条中所述之指南，上市许可持有人应妥善记录在欧洲共同体境内发生的任何其他重度疑似不良反应和人体不良反应事件，并应合理预见并意识到此类事件，同时最迟应在收到此类信息后的 15 日内及时向欧洲共同体境内的各成员国和欧洲药品管理局通知所发生的事件。

2. 兽用药品上市许可持有人应确保最迟在收到信息后的 15 日内及时向各成员国和欧洲药品管理局报告在第三国境内意外发生的所有疑似重度不良反应和人体不良反应事件，以及疑似通过药品传播的任何传染性病原体。欧盟委员会应采纳关于报告在欧洲共同体或第三国境内意外发生之非重度疑似不良反应的规定，旨在对本法规非必要元素进行补充修订的诸多举措应依据第 87 条第 (2a) 款所述之监管审查程序进行。

除特殊情况外，应遵循第 51 条中所述之指南，将这些不良反应事件以报告的形式通过电子邮件发送给相关方。

3. 兽用药品上市许可持有人应详细记录向其报告的、发生在欧洲共同体境内外的所有疑似不良反应事件。

除非欧洲共同体出台其他规定以作为授予上市许可的条件，否则应在收到请求后以定期安全更新报告的形式立即向欧洲药品管理局和各成员国提交这些记录，或在获得许可后每 6 个月提交一次，直至将药品投放市场。同时，定期安全更新报告也应在收到请求后立即提交或在欧洲共同体内初次将药品投放市场后的前两年期间每 6 个月提交一次，两年后每年提交一次。此后，应每隔 3 年提交一次报告，或根据请求立即提交。应随上述报告一并提交科学评估报告，尤其是药品风险收益平衡评估报告。

4. 欧盟委员会可基于从实际操作中获得的经验制定相关条款，以便对第 3 款进行修订。旨在对本法规非必要元素进行修订的诸多举措应依据第 87 条第 (2a) 款所述之程序进行。

5. 在未事先或在同一时间通知欧洲药品管理局的情况下，上市许可持有人不得向普通公众披露关于获得许可之药品的药物警戒信息。

在任何情况下，上市许可持有人均应确保客观地呈现此类信息，不得存在误导。

各成员国应采取必要的措施，以确保未能履行上述义务的上市许可持有人受到有效、适度的劝诫性处罚。

第 50 条

每个成员国均应确保妥善记录依据本法规之规定授予许可的兽用药品在其境内发生的所有疑似重度不良反应和人体不良反应事件，并提请医疗保健专业人士注意，同时最迟应在收到此类信息后的 15 日内及时向欧洲药品管理局和兽用药品持有人报告所发生的事件。

欧洲药品管理局应向依据第 2001/82 号 (EC) 指令第 73 条建立的国家药物警戒系统转发此类信息。

第 51 条

欧盟委员会应与欧洲药品管理局、各成员国及利益相关方进行磋商，草拟一份关于收集、核实及提交不良反应报告的指南。为了方便医疗保健专业人士，该指南应包含关于传达不良反应信息的建议。

依据本指南之规定，上市许可持有人应采用国际公认的医疗技术传送不良反应报告。

欧洲药品管理局应与各成员国和欧盟委员会进行磋商，建立一个数据处理网络，一旦发生错误制造警报，可用于在欧洲共同体各主管部门之间快速传输相关数据，同时还可快速传输针对兽用药品（依据第 2001/82 号 (EC) 指令第 5 条之规定获得许可）的重度不良反应及其他药物警戒数据。

在欧洲共同体境内初次将药品投放市场后的 5 年期间，欧洲药品管理局可要求上市许可持有人从目标动物群体收集特定药物警戒数据。欧洲药品管理局可说明提出此要求的具体原因。上市许可持有人应对收集的数据进行整理和评估，而后将其提交至欧洲药品管理局接受评估。

第 52 条

欧洲药品管理局可就兽用药品的药物警戒性问题与国际组织开展合作。

第 53 条

欧洲药品管理局与各成员国的主管部门之间应共同合作，持续开发药物警戒系统，这样不论药品以何种途径获得许可，均能够针对所有药品高标准地保护公众健康，包括采用协作性方法，以最大限度地利用欧洲共同体境内的可用资源。

第 54 条

为考虑到科学和技术的进步，欧盟委员会应采纳任何必要的修订，以更新本章条款。旨在对本法规非必要元素进行修订的诸多举措应依据第 87 条第 (2a) 款所述之监管审查程序进行。

第四篇　欧洲药品管理局——职责与行政体制

第一章　欧洲药品管理局的任务

第 55 条

成立欧洲药品管理局。

欧洲药品管理局应负责协调各成员国出于药品评估、监管及药物警戒活动所提供的、供其自由支配的现有科学资源。

第 56 条

1. 欧洲药品管理局应包括：

(a) 人用药品委员会，负责针对涉及人用药品评估的任何问题代表欧洲药品管理局编写意见书；

(a)(a) 药物警戒风险评估委员会，负责针对涉及人用药品药物警戒活动的任何问题及风险管理系统向人用药品委员会和协调小组提供建议，同时还应负责监测风险管理系统的有效性；

(b) 兽用药品委员会，负责针对涉及兽用药品评估的任何问题代表欧洲药品管理局编写意见书；

(c) 孤儿药委员会；

(d) 草药委员会；

(d)(a) 前沿疗法委员会；

(e) 儿科委员会；

(f) 秘书处，负责为各委员会提供技术、科学及行政支持，确保各委员会之间实现顺畅的协调，同时还负责为协调小组提供技术和行政支持，确保协调小组与各委员会之间协调通畅；

(g) 局长，负责履行第 64 条中规定的职责；

(h) 管理委员会，负责履行第 65 条、第 66 条及第 67 条中规定的职责。

2. 上述条款（第 1 款 (a) 点至 (da) 点）中提及之各委员会可各自建立常务委员会和临时工作组。上述第 1 款 (a) 点和 (b) 点中提及之委员会可建立科学顾问小组，负责对科学类型的药品或治疗进行评估，同时该委员会的相关人员还可委派草拟诸如第 5 条和第 30 条中所述之科学意见书等某些任务。

在建立工作组和科学顾问小组时，各委员会应遵循第 61 条第 (8) 款中所述之议事规则，具体如下：

(a) 应基于第 62 条第 (2) 款第 2 项中所提及之专家名单任命工作组和科学顾问小组的成员；以及

(b) 应与工作组和科学顾问小组进行磋商。

3. 局长应与人用药品委员会和兽用药品委员会密切磋商，建立便于针对所承担之任务提供建议的行政体制和程序(如第 57 条第 (1) 款 (n) 点所述)，尤其便于针对新疗法的研发提供建议。

各委员会应建立常务工作组，其唯一的职责是针对所承担的任务提供科学建议。

4. 若认为适当，人用药品委员会和兽用药品委员会可针对具有一般科学和伦理性质的重要问题寻求指导。

第 57 条

1. 根据欧洲共同体关于药品的法律规定，在将涉及人用或兽用药品的质量、安全性及有效性评估的任何问题提交至欧洲药品管理局后，欧洲药品管理局应向各成员国和欧洲共同体的各个机构提供最为科学的建议。

为此，欧洲药品管理局（具体通过其所辖的各委员会履行职责）应承担下列任务：

(a) 依据欧洲共同体授予上市许可的程序，协调对药品的质量、安全性及有效性开展科学评估的事宜；

(b) 应要求传送并对外公布针对这些药品的评估报告、产品特性总结、标签和包装说明书或插页；

(c) 协调和监管在欧盟境内获得许可的药品，并针对采取的必要措施提供建议，以确保这些药品的安全性和有效性，尤其应对药物警戒义务和药物警戒系统的评估与实施开展积极协调，并对实施情况进行监管；

(d) 通过利用长期供所有成员国访问的数据库，确保妥善整理和发布关于在欧盟境内获得许可的药品所产生之疑似不良反应的信息；

(e) 协助各成员国向医疗保健专业人士快速传达关于药物警戒的信息，并协调国家主管部门发布安全公告；

(f) 向公众发布关于药物警戒的信息，特别是通过建立和维护欧洲药品门户网站进行发布；

(g) 根据欧洲议会和欧盟理事会于 2009 年 5 月 6 日颁布的第 470/2009 号 (EC) 法规（规定了欧洲共同体用于确定药理学活性成分在以动物为原料的食品中残留限量的程序），针对畜牧业使用的兽用药品和生物农药品在以动物为原料的食品中可接受的最高残留限量提供建议；

(h) 针对食用家畜使用抗生素的问题提供科学建议，以最大限度地减少欧洲共同体境内发生细菌抗药性现象；必要时，应对此类建议进行更新；

(i) 协调并核实是否符合良好生产规范、良好实验室规范、良好临床规范，以及核实是否履行了药物警戒义务；

(j) 根据请求提供技术和科学支持，以改进欧洲共同体与其各成员国、国际组织及第三国之间就涉及药品评估等科学和技术问题的协同配合，尤其在国际协调会议框架中开展有组织讨论的情况下更应如此；

(k) 记录依据欧洲共同体规定之程序授予的药品上市许可的状态；

(l) 建立可供公众访问的药品数据库，并确保由制药公司负责更新和独立管理；该数据库应方便搜索包装说明书上已获得许可的信息；应包含关于获得许可的儿童治疗用药部分；为公众提供的信息应采用适当且易于理解的措辞方式；

(m) 协助欧洲共同体和各成员国向医疗保健专业人士和普通公众提供由欧洲药品管理局评估的药品信息；

(n) 为证明药品的质量、安全性及有效性，针对必需执行的不同检测和试验任务提供建议；

(o) 若平行分销依据本法规之规定获得许可的药品，则应审查是否遵守了欧洲共同体关于药品的法律和上市许可中所规定之条件；

(p) 应欧盟委员会的请求，草拟关于药品或药品生产所用起始原料评估的任何其他科学意见书；

(q) 出于保护公众健康之目的，汇整关于可能在生物战中使用的病原体的科学信息，包括目前可用于防治此类病原体所产生之影响的疫苗及其他药品；

(r) 针对投放市场的药品请求官方药品控制实验室或某成员国出于该目的指定的实验室检测其是否符合许可的规范，以此来协调药品质量的监管事宜；

(s) 每年向预算部门提交任何关于评估程序所得结果的信息；

(t) 依据欧洲议会和欧盟理事会于 2006 年 12 月 12 日颁布的第 1901/2006 号 (EC) 法规第 7 条第 (1) 款所述，针对儿科用药品做出决定。

2. 第 1 款第 (l) 点中所述之数据库应包括产品特性总结、患者或用户包装说明书及标签上显示的信息。该数据库应分阶段开发，并优先考虑依据本法规获得许可的药品及分别依据第 2001/83 号 (EC) 指令第三篇第四章和第 2001/82 号 (EC) 指令获得许可的药品。随后，应将该数据库进行扩展，以包含任何在欧洲共同体境内投放市场的药品。

欧洲药品管理局应针对该数据库拟定和保存一份在欧盟境内获得许可的人用药品清单。为达此效果，应采取下列措施：

(a) 欧洲药品管理局最迟应在 2011 年 7 月 2 日之前，对外公布以电子版形式提交人用药品信息的格式；

(b) 上市许可持有人最迟应在 2012 年 7 月 2 日之前，以电子版形式（采用第 (a) 点中所述之格式）向欧洲药品管理局提交在欧盟境内获得许可的所有人用药品的相关信息；

(c) 自第 (b) 点所规定之日起，如上市许可持有人在欧盟境内被授予任何新的或变更的上市许可，应采用第 (a) 点中所述之格式通知欧洲药品管理局。

在适当情况下，依据第 2001/20 号 (EC) 指令第 11 条之规定，该数据库还应包括当前正在开展或已完成的临床试验参考数据及临床试验数据库中包含的数据。欧盟委员会应与各成员国进行磋商，发布可被该数据库纳入且可供公众访问的指南。

第 58 条

1. 为评估拟在欧洲共同体之外上市销售的某些人用药品，欧洲药品管理局可与世界卫生组织合作，针对评估事宜提供科学意见。为此，应依据第 6 条之规定，向欧洲药品管理局提交一份申请。在与世界卫生组织进行磋商后，人用药品委员会可依据第 6 条至第 9 条之规定草拟一份科学意见书。第 10 条之规定不适用。

2. 为实施第 1 款之规定及为提供科学的建议，上述委员会应制定一套具体的议事规则。

第 59 条

1. 欧洲药品管理局应注意确保及早发现其所持科学意见与其他机构（依据欧洲共同体法律建立，就共同关注的问题执行类似任务）所持科学意见之间存在的潜在冲突源头。

2. 若欧洲药品管理局发现潜在的冲突源头，则应与相关机构联系，以确保分享任何相关科学信息并确定存在潜在冲突的科学意见。

3. 若各方的科学意见之间存在根本性冲突，且相关机构为欧洲共同体所辖机构或某科学委员会，则欧洲药品管理局和相关机构应共同努力解决此类冲突或向欧盟委员会提交一份联合文件，以阐明存在冲突的科学意见。该文件应在采纳后立即发布。

4. 除非本法规、第 2001/83 号 (EC) 指令或第 2001/82 号 (EC) 指令中另行说明，否则若各方的科学意见之间存在根本性冲突，且相关机构为某成员国所辖机构，则欧洲药品管理局应与该相关国家机构共同努力解决此类冲突或编制一份联合文件，以阐明存在冲突的科学意见。该文件应在采纳后立即发布。

第 60 条

应欧盟委员会的请求，欧洲药品管理局应针对获得许可的药品收集任何可用的方法信息，即各成员国主管部门确定新药附加治疗价值时所采用的方法之信息。

第 61 条

1. 各成员国在与管理委员会进行磋商后，应任命一位人用药品委员会委员和一位候补委员，以及一位兽用药品委员会委员和一位候补委员，任期皆为 3 年，可连任。

依据第 62 条之规定，候补委员可代表缺席委员行使表决权，且可履行报告员的职责。

2. 应基于候选人在人用和兽用药品评估中所担任的职务和经验选拔出委员和候补委员，他们将代表国家主管部门。

各委员会可基于候选人所具备的特定科学能力，额外选派最多五名委员。这些委员的任期为 3 年，可连任，无候补。

为选派此类委员，各委员会应识别这些新增委员所具备的特定互补科学能力。应从各成员国或欧洲药品管理局提名的专家中选出指派的委员。

3. 各委员会委员可由特定科学或技术领域的专家陪同。

4. 欧洲药品管理局局长或其代表及欧盟委员会代表应有权出席各委员会、工作组及科学顾问小组召开的所有会议，以及由欧洲药品管理局或其所辖各委员会召开的所有其他会议。

5. 各委员会委员除针对欧洲共同体及各成员国所转交的问题向其提供客观的科学意见外，还应确保妥善协调欧洲药品管理局与国家主管部门（包括提供上市许可咨询服务的机构）所指派的任务。

6. 负责对药品进行评估的各委员会委员和专家应利用为国家上市许可授予机构提供的科学评估方法和资源。各国家主管部门应监督所执行之评估的科学程度和独立性，并为指定之委员会委员和专家开展的活动提供便利。各成员国应避免向委员会委员和专家下达与其个人任务或与欧洲药品管理局指派之任务和职责相违背的任何指令。

7. 在编制意见书时，各委员会应尽最大努力达成科学共识。如果无法达成共识，则意见书中应包含多数委员的立场和持分歧意见者的立场，并提供他们各自所依据的理由。

8. 各委员会应制定各自的议事规则。

这些议事规则中尤其应规定：

(a) 任命和更换主席的程序；

(b) 与工作组和科学顾问委员会相关的程序；以及

(c) 紧急采纳意见的程序，尤其针对与本法规中市场监管和药物警戒规定相关的意见。

在收到欧盟委员会和管理委员会的赞成意见后，这些议事规则将立即生效。

第 61a 条
1. 药物警戒风险评估委员会应包括下列委员：

(a) 依据本条第 3 款之规定，由各成员国任命一名委员和一名候补委员；

(b) 为确保药物警戒风险评估委员会内拥有具有相关专业知识（包括临床药理学和药物流行病学知识）的人员，欧盟委员会将基于公众呼吁完成的利益声明任命六名委员；

(c) 为选拔代表医疗保健专业人士的委员，欧盟委员会在与欧洲议会进行磋商后，将基于公众呼吁完成的利益声明任命一名委员和一名候补委员；

(d) 为选拔代表患者组织的委员，欧盟委员会在与欧洲议会进行磋商后，将基于公众呼吁完成的利益声明任命一名委员和一名候补委员；

候补委员可代表缺席委员行使表决权。依据第 62 条之规定，可委任第 (a) 点中提及之候补委员履行报告员的职责。

2. 某成员国可将其在药物警戒风险评估委员会的任务委托给其他成员国。各成员国向其他成员国提出的任务请求不得超过一次。

3. 为保证药物警戒风险评估委员会具有最高水平的专业资质和拥有范围广泛的相关专业知识，应基于候选人在药物警戒事项和人用药品风险评估方面具有的相关专业知识任命委员和候补委员。为此，各成员国应与管理委员会保持联系，以确保委员会的最终组成人员中涵盖与其任务相关的科学领域。

4. 依据第 1 款中所述之程序，药物警戒风险评估委员会委员和候补委员的任期为 3 年，可延长一次任期，之后可连任。药物警戒风险评估委员会应从委员中选出主席，任期为 3 年，可延长一次任期。

5. 第 61 条第 3、4、6、7、8 款适用于药物警戒风险评估委员会。

6. 药物警戒风险评估委员会的任务应涵盖人用药品使用风险管理的各个方面，包括对不良反应的风险进行检测和评估、将此类风险降至最低和传达相关风险，同时还要适当考虑人用药品的疗效，并对上市后安全性研究和药物警戒审计进行规划和评估。

第 62 条

1. 依据本法规之规定，若某成员国要求第 56 条第 (1) 款中提及之任何委员会对某种人用药品进行评估，则应委任其中一名委员担任报告员。参考该成员国目前所具备的专业知识，相关委员会可任命另一名委员担任联合报告员。

由药物警戒风险评估委员会出于此目的任命的报告员应与人用药品委员会或相关人用药品参照国任命的报告员密切合作。在与第56 条第 (2) 款中所提及之科学顾问小组进行磋商时，药物警戒风险评估委员会应向其提交由报告员或联合报告员起草的评估报告草案。应采用同样的方式将科学顾问小组出具的意见书交给相关委员会的主席，以确保满足第 6 条第 (3) 款和第 31 条第 (3) 款中所规定的最后期限。

依据第 13 条第 (3) 款和第 38 条第 (3) 款发布的评估报告中应包括意见书的内容。

若欧盟法律允许各方请求对其中一条意见进行重新审查，则相关委员会应任命其他报告员，必要时还可从被指派提出初步意见者中选出其他联合报告员。相关委员会采纳初步意见后，重新审查程序仅能基于可用的科学数据处理申请者初步确定的意见。申请者可请求相关委员会就重新审查事宜与科学顾问小组进行磋商。

2. 各成员国应向欧洲药品管理局传送其国内专家的名单，说明他们拥有的资质及其在特定领域具备的专业知识。这些专家在人用药品评估方面具有丰富的经验，考虑到第 63 条第 (2) 款之规定，他们可在第 56 条第 (1) 款中提及之任何委员会的工作组或科学顾问小组任职。

欧洲药品管理局应确保经认证的专家名单始终处于最新状态。名单中应包括第 1 项中所述之专家及直接由欧洲药品管理局任命的其他专家。应对名单进行更新。

3. 由报告员或专家提供的服务应受欧洲药品管理局与相关人员或欧洲药品管理局与其雇主签订之书面合约规管。

应依据管理委员会制定的财务安排中包含的费用标准框架向相关人员或其雇主支付酬劳。

第 1 项和第 2 项还适用于协调小组报告员的工作，其主要负责依据第 2001/83 号 (EC) 指令第 107c 条、第 107e 条、第 107g 条、第 107k 条及第 107q 条的规定完成任务。

4. 若科学和技术环境允许，在不违背欧洲药品管理局所承担之任务的情况下，尤其是为确保高度保护公众的健康，各方可能会针对由多个潜在提供者提供的科学服务发出呼吁，要求他们表达各自的利益。

管理委员会应基于局长提出的建议采纳适当的程序。

5. 欧洲药品管理局或第 56 条第 (1) 款中提及之任何委员会可利用专家服务执行由其负责的其他特定任务。

第 63 条
1. 第 56 条第 (1) 款中提及之委员会的委员身份应对外公布。

2. 在公布每个任命时，应具体说明每位委员所持有的专业资质。

3. 管理委员会委员、各委员会委员、报告员及专家均不得在制药行业有任何经济利益或其他利益，因为这样会影响他们的公正性。他们应从公众利益出发，以独立的方式行事，且每年均需发表关于其经济利益的声明。应将所有可能与行业有关的间接利益录入欧洲药品管理局管理的注册系统，该系统可根据请求在欧洲药品管理局的办公室供公众访问。

为实施本条之规定，欧洲药品管理局的行为规范中应特别规定关于收受礼品的事宜。

出席各类会议或参加欧洲药品管理局工作组的管理委员会委员、各委员会委员、报告员及专家应在每次会议上针对议程中的事项声明可能被认为影响其独立性的任何特殊利益。这些声明应该可被公开获取。

第 64 条

1. 管理委员会应根据欧盟委员会提出的建议和拟定的候选人名单任命局长一职，任期 5 年，随后局长应在《欧盟官方期刊》及其他期刊上发表利益声明。在任命之前，由管理委员会提名的候选人应应邀及时向欧洲议会发表声明，并回答由议员提出的任何问题。局长可连任一次。管理委员会可在收到欧盟委员会的建议后，将局长免职。

2. 局长是欧洲药品管理局的法人代表。应负责下列事宜：

(a) 欧洲药品管理局的日常管理；

(b) 管理欧洲药品管理局的所有资源，这些资源对于执行第 56 条第 (1) 款中提及之各委员会开展的活动非常必要，包括为这些委员会提供适当的科学和技术支持，以及为协调小组提供适当的技术支持；

(c) 确保遵守欧洲共同体立法机关针对欧洲药品管理局采纳相关意见所规定的限期；

(d) 确保在第 56 条第 (1) 款中提及之各委员会之间进行适当的协调，以及在必要情况下，在各委员会与协调小组之间进行适当的协调；

(e) 编制欧洲药品管理局的收支估算声明草案，并执行预算案；

(f) 所有员工事宜；

(g) 为管理委员会提供秘书人员。

3. 局长每年均应向管理委员会递交一份报告草案提请审批，此报告中应包含欧洲药品管理局上一年度已开展的活动和下一年度的工作计划草案，并对涉及人用药品、草药及兽用药品的活动进行区分。

在包含欧洲药品管理局上一年度活动的报告草案中，应提供关于欧洲药品管理局所评估之申请的数量、完成申请评估所花的时间，以及批准授予许可、拒绝授予许可或撤回许可的药品。

第 65 条

1. 管理委员会应由各成员国派出的一名代表、欧盟委员会派出的两名代表及欧洲议会派出的两名代表组成。

此外，欧盟理事会在与欧洲议会进行磋商后，应基于欧盟委员会草拟的名单任命来自患者组织的两名代表、来自医生组织的一名代表及来自兽医组织的一名代表，名单中候选人的数量应比所要填补的职位数量稍多。应将由欧盟委员会草拟的名单连同相关背景资料一起提交至欧洲议会。欧洲议会会尽快在通知发出后的 3 个月内向欧盟理事会发回其审议意见，随后由欧盟理事会负责任命管理委员会委员。

为保证管理委员会具有最高水平的专业资质和拥有范围广泛的相关专业知识，以及尽可能最广泛地覆盖欧盟境内的地理区域，必须采取此种方式任命管理委员会委员。

2. 在任命管理委员会委员时，应基于候选人在管理方面的相关专业知识和在人用或兽用药品领域的经验（如适当）。

3. 各成员国和欧盟委员会需任命各自代表担任管理委员会委员，同时还需任命一名候补委员，以便代表缺席委员行使表决权。

4. 各位代表的任期为 3 年，可连任。

5. 管理委员会需从委员中选出委员会主席。

管理委员会主席任期 3 年，在其不再担任管理委员会委员时将卸任主席一职。管理委员会主席可连任一次。

6. 管理委员会的决定应获得三分之二以上的多数委员支持才能被采纳。

7. 管理委员会应制定并采纳一套议事规则。

8. 管理委员会可要求各科学委员会的主席出席其召开的会议，但他们无表决权。

9. 管理委员会应对欧洲药品管理局的年度工作计划进行审批，并将此年度工作计划呈交至欧洲议会、欧盟理事会、欧盟委员会及各成员国。

10. 管理委员会应采纳关于欧洲管理局的年度活动报告，并最迟于 6 月 15 日之前将报告呈交至欧洲议会、欧盟理事会、欧盟委员会、欧洲经济和社会委员会、欧洲审计院及各成员国。

第 66 条
管理委员会应负责下列事宜：

(a) 采纳关于人用药品委员会和兽用药品委员会议事规则的意见（第 61 条）；

(b) 采纳关于履行科学服务的程序（第 62 条）；

(c) 任命欧洲药品管理局局长（第 64 条）；

(d) 采纳年度工作计划并将其呈交至欧洲议会、欧盟理事会、欧盟委员会及各成员国（第 65 条）；

(e) 对欧洲药品管理局的年度活动报告进行审批，并最迟于 6 月 15 日之前将报告呈交至欧洲议会、欧盟理事会、欧盟委员会、欧洲经济和社会委员会、欧洲审计院及各成员国（第 65 条）；

(f) 采纳欧洲药品管理局的预算案（第 67 条）；

(g) 采纳内部财务规定（第 68 条）；

(h) 采纳关于实施人事法规的规定（第 75 条）；

(i) 与利益相关者建立联系，并规定适用的条件（第 78 条）；

(j) 采纳关于为制药公司提供协助的规定（第 79 条）；

(k) 采纳相关规定，以确保公众可获取关于药品的许可或监管信息（第 80 条）。

第二章　财务规定

第 67 条

1. 欧洲药品管理局应编制每个财政年度（与日历年相对应）的收支估算并在本局的预算案中列出。

2. 预算案中列出的收支应保持平衡。

3. 欧洲药品管理局的收入中应包含欧盟的捐款，企业为获得与保留欧盟上市许可而支付的费用，以及企业为完成第 2001/83 号 (EC) 指令第 107c 条、第 107e 条、第 107g 条、第 107k 条及第 107q 条中规定的任务，在获得由欧洲药品管理局或协调小组提供的其他服务时支付的费用。

在必要情况下，欧洲议会和欧盟理事会（以下简称为"预算主管部门"）应基于需求评估和考量收费水平，对欧洲共同体的捐款水平进行重新审查。

4. 为保证欧洲药品管理局的独立性，与药物警戒、通讯网络的运营及市场监管相关的活动应始终处于管理委员会的控制之下。因此，欧洲药品管理局不排除在严格保证自身独立性的条件下，向上市许可持有人收取执行上述活动的费用。

5. 欧洲药品管理局的支出包括员工薪酬、管理和基础设施成本、运营支出，以及因与第三方签约产生的支出。

6. 管理委员会每年均应基于欧洲药品管理局局长拟定的草案编制欧洲药品管理局下一财政年度的收支估算案。管理委员会最迟应于 3 月 31 日之前将此估算案（应包括构建计划草案）呈交至欧盟委员会。

7. 欧盟委员会应将此估算案连同欧盟的初步总预算草案一并呈交至预算主管部门。

8. 欧盟委员会应基于此估算案将其认为对构建计划非常必要的估算金额记入欧盟初步总预算草案中，同时还需将收缴的补贴金额记入依据《公约》第 272 条之规定呈交至预算主管部门的总预算案中。

9. 预算主管部门应批准向欧洲药品管理局提供补贴拨款。

预算主管部门应采纳欧洲药品管理局的构建计划。

10. 管理委员会应采纳此预算案。在最终采纳欧盟总预算案之后，此预算案应为最终预算案。在适当情况下，可做相应调整。

11. 如要对构建计划和预算进行任何修改，则出于更新信息之目的，应向预算主管部门提交一份经修改的预算。

12. 若管理委员会拟实施任何项目，尤其与不动产相关的项目，例如租赁或购买写字楼，且此类项目可能对其预算结果产生重大财务影响，则应尽快通知预算主管部门。同时，还应通知欧盟委员会。

若预算主管部门分支机构通知管理委员会其拟提供任何意见，则应自其收到项目通知之日起 6 周内向管理委员会发出意见书。

第 68 条

1. 局长应执行欧洲药品管理局的预算案。

2. 欧洲药品管理局的会计主管最迟应于之后每个财政年度的 3 月 1 日之前，与欧盟委员会的会计主管就所采用的临时账户问题进行沟通，同时一并提交一份关于该财政年度的预算和财务管理报告。欧盟委员会的会计主管应依据适用于欧洲共同体总预算的财务法规（以下简称为"总财务法规"）第 128 条之规定将各机构和分散实体的临时账户进行汇整。

3. 欧盟委员会的会计主管最迟应于之后每个财政年度的 3 月 31 日之前，向欧洲审计院提交欧洲药品管理局的临时账户，同时一并提交一份关于该财政年度的预算和财务管理报告。此外，还应将该财政年度的预算和财务管理报告呈交至欧洲议会和欧盟理事会。

4. 依据总财务法规第 129 条之规定，局长在收到审计院对欧洲药品管理局临时账户提出的意见后，应履行自身职责，拟定欧洲药品管理局的最终账户，并将其提交至管理委员会，以征求意见。

5. 欧洲药品管理局管理委员会应就欧洲药品管理局的最终账户提出意见。

6. 局长最迟应于之后每个财政年度的7月1日之前，向欧洲议会、欧盟理事会、欧盟委员会及欧洲审计院呈交最终账户，同时一并提交管理委员会的意见书。

7. 应对外公布最终账户。

8. 欧洲药品管理局局长最迟应于9月30日之前就欧洲审计院提出的意见进行回复。同时，还应将此回复函寄送至管理委员会。

9. 如总财务法规第146条第(3)款之规定，若对某财政年度存有疑义而需对局长予以免职，则为顺利完成解职程序，局长应根据欧洲议会的要求提供全部相关信息。

10. 欧洲议会应基于欧盟理事会符合资格之多数人就第N年度预算案的执行问题所提之建议，于第N+2年4月30日之前将局长免职。

11. 在与欧盟委员会进行磋商后，管理委员会应采纳适用于欧洲药品管理局的财务规定。除非欧洲药品管理局的运营有特别要求且征得欧盟委员会的事先同意，否则这些规定不可背离2002年11月19日颁布的关于机构"财务监管框架"的第2343/2002号（EC、欧洲原子能共同体）委员会条例，该条例主要针对第1605/2002号（EC、欧洲原子能共同体）理事会条例（适用于欧洲共同体一般预算）第185条中所述之机构。

第 69 条

1. 为打击欺诈、腐败及其他违法活动，应履行欧洲议会和欧盟理事会于 1999 年 5 月 25 日颁布的第 1073/1999 号 (EC) 法规中关于由欧洲反欺诈办公室 (OLAF) 执行相关调查的规定，且不应受到任何限制。

2. 欧洲药品管理局应同意于 1999 年 5 月 25 日达成的关于由欧洲反欺诈办公室 (OLAF) 执行内部调查的机构间协议，且应出台适用于欧洲药品管理局全体员工的适当规定，不得违误。

第 70 条

1. 在欧盟委员会与欧洲共同体层面代表制药行业利益的相关组织进行磋商后，欧盟理事会应在《公约》中所述之条件，基于欧盟委员会提供的建议建立收费结构和收费标准（如第 67 条第 (3) 款中所述）。

2. 欧盟委员会应采纳关于为中小型企业创造有利条件的相关规定，依据此类规定，中小型企业可支付减免的费用、延期支付费用或接受管理方面的援助。旨在对本法规非必要元素进行补充修订的诸多举措应依据第 87 条第 (2a) 款所述之监管审查程序进行。

第三章 规管欧洲药品管理局的总则

第 71 条

欧洲药品管理局应具有法人地位。欧洲药品管理局在所有成员国皆应享有各国法律赋予法人的最为广泛的法定权利。尤其是有权购买或处置移动产和不动产，同时也可成为法律诉讼中的一方当事人。

第 72 条

1. 欧洲药品管理局的合约责任受合约中适用的法律规管。

2. 依据由欧洲药品管理局达成之合约中的任何仲裁条款，欧洲共同体法院应具有司法管辖权。

3. 在涉及非合约责任的情况下，欧洲药品管理局应依据各成员国法律所共同遵守的总体原则补偿由其或其员工在履职过程中造成的任何损失。

对于因补偿任何此类损失而产生的任何争议，欧洲共同体法院应具有司法管辖权。

4. 欧洲药品管理局员工需承担的个人责任应受适用于欧洲药品管理局员工的相关规定所规管。

第 73 条

欧洲议会和欧盟理事会于 2001 年 5 月 30 日颁布的关于公众获取欧洲议会、欧盟理事会及欧盟委员会文件的第 1049/2001 号 (EC) 法规应适用于欧洲药品管理局持有的文件。

欧洲药品管理局应依据第 1049/2001 号 (EC) 法规第 2 条第 (4) 款建立一个注册系统，以便公众可以访问依据本法规公布的所有文件。

为在第 1049/2001 号 (EC) 法规生效后 6 个月内实施本法规，管理委员会应批准采纳相关安排部署。

在《公约》第 195 条和第 230 条中各自所述之条件下，如对欧洲药品管理局依据第 1049/2001 号 (EC) 法规第 8 条采纳的决定持有异议，可向申诉专员提出投诉或向欧洲共同体法院提起诉讼。

第 73a 条

在《公约》第 230 条所述之条件下，如对欧洲药品管理局依据第 1901/2006 号 (EC) 法规采纳的决定持有异议，可向欧洲共同体法院提起诉讼。

第 74 条

《欧洲共同体特权与豁免权协议》应适用于欧洲药品管理局。

第 75 条

欧洲药品管理局的员工应遵守适用于欧洲共同体官员及其他员工的规定和法规。在人员方面，欧洲药品管理局应行使已移交给指定机构的权力。

管理委员会在与欧盟委员会达成一致后，应采纳实施协议所必需的规定。

第 76 条

依据相关规定，管理委员会委员、第 56 条第 (1) 款中提及之各委员会委员、欧洲药品管理局的专家、官员及其他人员即使在履职结束后，亦负有职业性保密义务，不得披露相关机密信息。

第 77 条

欧盟委员会在与管理委员会及相关委员会达成一致后，应诚邀有兴趣推进药品法规和谐统一的国际组织代表，以观察员的身份参与欧洲药品管理局的工作。参与的条件应由欧盟委员会决定。

第 78 条

1. 管理委员会在与欧盟委员会达成一致后，应促使欧洲药品管理局与行业代表、消费者、患者及医疗保健专业人士之间建立适当的联系。在与欧盟委员会达成一致后，依据管理委员会所确定的条件，这些联系可包括请观察员参与欧洲药品管理局某些方面的工作。

2. 第 56 条第 (1) 款中提及之各委员会及依据该条款建立的任何工作组和科学顾问小组应在提供顾问服务的基础上与使用药品的相关方就一般事宜建立联系，尤其应与患者组织和医疗保健专业人士协会紧密联系。由这些委员会任命的报告员应在提供顾问服务的基础上与患者组织和医疗保健专业人士协会的代表就相关药品的适应证建立联系。

第 79 条

在兽用药品市场有限的情况下，或将兽用药品拟用于治疗地区性分布之疾病的情况下，管理委员会应采取必要措施，以便在各公司提交注册申请时提供协助。

第 80 条

为确保实现适当的透明度，管理委员会应基于欧洲药品管理局局长提供的建议并在与欧盟委员会达成一致后，采纳相关规定，以确保向公众提供关于药品许可或监督的非保密性监管、科学及技术信息。

欧洲药品管理局、各委员会及工作组的内部规定和程序应通过欧洲药品管理局的办公地点和互联网向公众公开。

第五篇　总则与最终条款

第 81 条

1. 依据本法规做出的授予、拒绝授予、变更、中止、撤销或撤回上市许可的所有决定均应详细说明做出相关决定的依据和原因。同时，向相关方通知所做决定。

2. 除非依据本法规所述之程序和理由，授予、拒绝授予、变更、中止、撤销或撤回受本法规管辖的药品之上市许可，否则不得为之。

第 82 条

1. 仅可向特定药品的申请者授予一份许可。

在药品对于医疗保健专业人士和/或患者的可用性方面，若能够针对公众健康提供可验证的客观原因或出于共同营销的原因，欧盟委员会应允许同一位申请者向欧洲药品管理局提交多份关于该药品的注册申请。

2. 在涉及人用药品时，第 2001/83 号 (EC) 指令第 98 条第 (3) 款应适用于依据本法规获得许可的药品。

3. 在不影响第 9 条第 (4) 款 (a) 至 (d) 点及第 34 条第 (4) 款 (a) 至 (e) 点中所提及之文件内容的本质特性的情况下，本法规不应禁止只具有一个上市许可的特定人用药品使用两种或多种商业设计。

第 83 条

1. 通过获得第 2001/83 号 (EC) 指令第 6 条的豁免，各成员国可将归入本法规第 3 条第 (1) 款和第 (2) 款中所述之类别的某种人用药品供关怀用药。

2. 就本条款而言,"关怀用药"的含义是出于同情原因向患有慢性或重度衰竭性疾病,或所患疾病被认为可能危及生命以及使用已获得许可的药品无法带来满意疗效的一组患者,提供第3条第(1)款和第(2)款中所述之类别的药品。相关药品必须为依据本法规第6条提出的上市许可申请的主体或必须处于临床试验阶段。

3. 当某成员国利用第1款中所述之可能性时,应通知欧洲药品管理局。

4. 在拟采用关怀用药时,人用药品委员会可在与制造商或申请者进行商谈后,采纳关于用药条件、分配条件及目标患者的意见,应定期更新相关意见。

5. 各成员国应采纳任何可用的意见。

6. 欧洲药品管理局应确保依据第4款所采纳的意见列表处于最新状态,同时应在网站上公布。第28条第(1)款和第(2)款经必要修改后适用。

7. 第4款中所述之意见不得对制造商或上市许可申请人应承担的民事或刑事责任产生影响。

8. 在制定关怀用药方案后,在新药获得许可后至投放市场前的期间内,申请者应确保参与的患者可使用新药。

9. 本条款应不违反第2001/20号(EC)指令、2001/83号(EC)指令

第 5 条之规定。

第 84 条

1. 在不违反《欧洲共同体特权与豁免权协议》的情况下，针对违反本法规条款或违反依据本法规所采纳之相关规定的情况，各成员国应制定适用的处罚机制。同时，为贯彻落实这些处罚机制，还应采取必要的措施。处罚应有效、适度，且具有劝阻性。

各成员国最迟应于 2004 年 12 月 31 日之前，向欧盟委员会通知相关规定。若随后进行任何更改，则应尽快通知。

2. 若因违反本法规而提起任何诉讼，各成员国应及时通知欧盟委员会。

3. 若依据本法规授予之上市许可持有人未能履行许可中规定的某些义务，则欧盟委员会将根据欧洲药品管理局提出的请求，对其施以经济处罚。欧盟委员会应规定最高罚款金额及收缴罚款的条件和方法。旨在对本法规非必要元素进行补充修订的诸多举措应依据第 87 条第 (2a) 款所述之监管审查程序进行。

欧盟委员会应公布涉嫌违规的上市许可持有人的名称及施加经济处罚的原因和罚款金额。

第 85 条

本法规不应对赋予欧洲食品安全局（依据第 178/2002 号 (EC) 法规创建）的能力产生影响。

第 86 条

欧盟委员会应至少每隔10年发布一次总体报告，以报告关于因执行本法规、第2001/83号(EC)指令第三篇第四章及第2001/82号(EC)指令第三篇第四章中规定之程序而获得的经验。

第 87 条

1. 依据第2001/83号(EC)指令第121条组建的人用药品常务委员会和依据第2001/82号(EC)指令第89条组建的兽用药品常务委员会应协助欧盟委员会完成相关工作。

2. 鉴于第8条所述之条款，在涉及本款的情况下，第1999/468号(EC)决议第5条和第7条适用。

第1999/468号(EC)决议第5条第(6)款中规定的期限应为3个月。

2.(a) 鉴于第8条所述之条款，在涉及本款的情况下，第1999/468号(EC)决议第5a条第(1)款至第(4)款和第7条适用。

3. 鉴于第8条所述之条款，在涉及本款的情况下，第1999/468号(EC)决议第4条和第7条适用。

第1999/468号(EC)决议第4条第(3)款中规定的期限应为1个月。

第 87a 条

为协调一致地执行本法规中所述之药物警戒活动，欧盟委员会应采取第2001/83号(EC)指令第108条中所述之具体执行措施，包含下列方面：

(a) 由上市许可持有人保管的药物警戒系统主文件的内容和维护；

(b) 由欧洲药品管理局执行的药物警戒活动对质量体系的最低要求；

(c) 在执行药物警戒活动时，对国际通用的术语、格式及标准的使用；

(d) 对药物警戒系统数据库中包含的数据进行监控的最低要求，以确定是否产生新的风险或风险是否发生变化；

(e) 各成员国和上市许可持有人以电子方式传送疑似不良反应信息所采用的格式和内容；

(f) 定期安全更新报告和风险管理计划电子版所采用的格式和内容；

(g) 上市后安全性研究方案、摘要及最终研究报告所采用的格式。

上述措施应考虑到药物警戒领域开展的国际协调工作，且在必要情况下，考虑到科学技术的进步，应对这些措施进行调整。应依据第 87 条第 (2) 款中所述之监管程序采纳上述措施。

第 87b 条

1. 应自 2011 年 1 月 1 日起授予欧盟委员会采纳第 10b 条中所述之授权法案的权力，有效期为 5 年。欧盟委员会最迟应在 5 年期结束前 6 个月草拟一份关于授予之权力的报告。除非欧洲议会或欧盟理事会依据第 87c 条之规定撤销授予的权力，否则将按相同期限自动延期。

2. 欧盟委员会应在采纳授权法案的同时向欧洲议会和欧盟理事会

发出通知。

3. 应在第87c条和第87d条中规定的条件下授予欧盟委员会采纳授权法案的权力。

第 87c 条

1. 欧洲议会或欧盟理事会可随时撤销授予的权力（如第10b条中所述）。

2. 对于启动内部程序以决定是否撤销授予之权力的机构，应竭力在做出最终决定之前的合理时限内通知其他机构和欧盟委员会，并说明可能会撤销授予的权力及潜在的撤销原因。

3. 在做出撤销决定后，应结束授予决定书中所指定的权力。该决定应立即生效或于此处指定的稍后日期生效。已生效的其他授权法案之有效性不会受此影响。应在《欧盟官方期刊》上发布关于该撤销决定的消息。

第 87d 条

1. 欧洲议会或欧盟理事会可自通知之日起2个月内对授权法案提出反对意见。

根据欧洲议会或欧盟理事会的倡议，该期限应延长2个月。

2. 若在上述第1款中所述之期限期满时，欧洲议会或欧盟理事会均未对授权法案提出反对意见，则应在《欧盟官方期刊》上发布该授权法案，同时，该授权法案将于所述之日起生效。

若欧洲议会和欧盟理事会均向欧盟委员会通知其不欲提出反对意见，则可在《欧盟官方期刊》上发布所采纳的授权法案，且该授权法案可于期满之前生效。

3. 若欧洲议会或欧盟理事会在上述第 1 款中所述之期限内对授权法案提出反对意见，则该授权法案不生效。提出反对意见的机构应说明其反对的原因。

第 88 条

特此废除第 2309/93/EC 号法规 (EEC)。

对于废止之法规的引用应解释为对本法规的引用。

第 89 条

第 14 条第 (11) 款和第 39 条第 (10) 款中规定的保护期限不适用于已在第 90 条第 2 款中所述之日期前提交上市申请的参比药品。

第 90 条

本法规应自在《欧盟官方期刊》发布之日起的第 20 天开始生效。

作为上述第 1 款豁免的例外情况，第一篇、第二篇、第三篇及第五篇应自 2005 年 11 月 20 日起适用，附件第 3 点第 5 项和第 6 项应自 2008 年 5 月 20 日起适用。

本法规作为一个整体应具有约束力，并可直接适用于所有成员国。

附件 由欧洲共同体授予许可的药品

1. 通过下列其中一种生物技术方法研发的药品：

DNA重组技术、原核细胞和真核细胞中生物活性蛋白基因编码的可控表达法，包括转化的哺乳动物细胞和杂种细胞及单克隆抗体法。

1a. 前沿治疗药品，如欧洲议会和欧盟理事会于2007年11月13日颁布的第1394/2007号（EC）法规第2条中关于前沿治疗药品的定义所述。

2. 拟主要用作功能促进药物的兽用药品，旨在促进接受治疗的动物生长或令接受治疗的动物增加产量。

3. 自本法规生效之日起，含有全新活性成分但因治疗的适应证为治疗下列任意一种疾病而未获得欧洲共同体上市许可的人用药品：

● 获得性免疫缺陷综合症，
● 癌症，
● 神经系统退行性疾病，
● 糖尿病，
● 自身免疫性疾病及其他免疫功能障碍，
● 病毒性疾病。

2008年5月20日之后，欧盟委员会在与欧洲药品管理局进行磋商后，可对本点提出任何适当修订意见，欧洲议会和欧盟理事会应依据《公约》做出相关决定。

4. 依据第 141/2000 号 (EC) 法规指定为孤儿药的药品。

第二编 | 第 141/2000 号 (EC) 法规——孤儿药

欧洲议会和欧盟理事会于 1999 年 12 月 16 日颁布的关于孤儿药
的第 141/2000 号 (EC) 法规

欧洲议会和欧盟理事会，

鉴于建立欧洲共同体的《公约》，尤其是其中第 95 条之规定，

鉴于欧盟委员会提出的建议，

鉴于欧洲经济和社会委员会提出的意见，

依据《公约》第 251 条中规定的程序采取行动，

鉴于：

1. 由于某些疾病的发生率极低，因此研发用于诊断、预防或治疗
此类疾病的药品及将其投放市场的成本将无法以此种药品的预期

销售额进行弥补；制药行业不愿在正常的市场条件下研发此种药品，所以此类药品常被称为"孤儿药"；

2. 罕见病患者应与其他患者一样，有权享受同等品质的治疗；因此，有必要鼓励制药行业研发适当的药品，并将其投放市场；美国自 1983 年以来，便推出了关于研发孤儿药的激励措施，日本于 1993 年也推出了同样的举措；

3. 迄今为止，在欧盟境内，无论是国家层面，还是欧洲共同体层面，为鼓励研发孤儿药仅采取了有限的措施；为充分利用最为广泛的市场并避免有限资源的分散，此类措施在欧洲共同体层面所取得的效果最佳；在欧洲共同体层面所采取的措施要优于各成员国所采取的缺乏整体性的措施，这些措施可能导致竞争的扭曲和欧洲共同体内部的贸易壁垒；

4. 应能够便捷、明确地确定符合奖励措施资格的孤儿药；通过建立一套开放透明的欧洲共同体制度（用于将潜在药品确定为孤儿药）似乎是实现此目标的最恰当方式；

5. 应建立确定孤儿药的客观标准；这些标准应以寻求诊断、预防或治疗的某种疾病的患病率为依据；通常认为，患病率不超过万分之五为适当的阈值；即使患病率超过万分之五，拟用于治疗危及生命、重度衰竭性及慢性疾病的药品也应符合资格；

6. 应组建由各成员国任命的专家组成的委员会，负责对注册申请进行审查并认定是否符合资格；根据欧洲药品评价局的建议，该委员会还应包括由欧盟委员会指定的三名患者协会代表，以及同样由欧盟委员会指定的三名其他人员；欧洲药品评价局应负责在孤儿药委员会与专利药品委员会之间进行协调；

7. 罕见病患者应与其他患者一样，有权获得具有同等品质、安全性及有效性的药品；因此，孤儿药也应按照正常的评估程序提交注册申请；孤儿药的出资者应有机会获得欧洲共同体的许可；为便于发放或维护欧洲共同体的许可，应至少免除部分应向欧洲药品评价局缴纳的费用；在欧洲共同体的预算中，应补偿欧洲药品评价局因此而损失的收入；

8. 美国和日本的经验显示，对于制药行业而言，鼓励其研发和销售孤儿药的最有利激励措施是在一定年限内，获得市场专销权所带来的前景，在此期限间，可收回部分投资。对于此目的而言，依据欧盟理事会于 1965 年 1 月 26 日颁布的第 65/65 号 (EEC) 指令（关于药品相关法律、法规或行政措施中的近似条款）第 4 条第 (8) 款 (a) 点 (iii) 项之规定提供的数据保护并非是一种充分有效的激励措施；在未获得欧洲共同体同意的情况下，独立行事的各成员国无法推出某项举措，因为此类条款可能与第 65/65 号 (EEC) 指令相冲突；若各成员国以缺乏整体性的方式采纳此类措施，将导致欧洲共同体内部的贸易壁垒，导致竞争扭曲及与单一市场背道而驰；然而，市场专销权应在不违反现有知识产权的情况下仅限于孤儿药已获得资格认定的治疗性适应证；从患者的利益出发，授予孤儿药的市场专销权不得阻碍类似药品的销售，因为类似药品可能对此类疾病的患者产生更显著的疗效；

9. 依据本法规指定的孤儿药出资者应有权全权获得由欧洲共同体或各成员国授予的任何奖励，以支持用于诊断、预防或治疗此类疾病（包括罕见病）的药品的研发；

10."第四研究与技术发展框架计划"（1994 年至 1998 年）特设
方案 "Biomed 2" 支持罕见病治疗的研究，包括制定孤儿药快速
研发方案的方法及确保欧洲地区孤儿药的可用库存等；这些奖励
措施旨在促进建立跨国合作，从而开展关于罕见病的基础和临床
研究；关于罕见病的研究将继续是欧洲共同体优先考虑的事项，
因为已将此纳入"第五研究与技术发展框架计划"（1998 年至
2002 年）；本法规建立了一套法律框架，以期能够快速而有效地
将研究成果付诸实施；

11. 在公共卫生领域的行动框架中，罕见病已被认定为欧洲共同
体行动的优先领域；在宣传公共卫生领域行动框架内的欧洲共同
体关于罕见病的行动方案时，欧盟委员会决定将罕见病列为公共
卫生框架内的优先事项。欧洲议会和欧盟理事会已于 1999 年 4
月 29 日采纳第 1295/1999 号 (EC) 决议，即在公共卫生领域的行
动框架内，采纳欧洲共同体关于罕见病的行动方案（1999 年至
2003 年），包括提供相关信息、应对聚集性罕见病群体及为相关
患者组织提供支持；本法规将实施此行动方案中的其中一项优先
事项。

已采纳本法规：

第 1 条　目的
本法规旨在确立欧洲共同体将药品认定为孤儿药的程序。同时，
为研究、开发及上市销售指定的孤儿药提供奖励。

第 2 条　定义
对于本法规而言：

(a)"药品"指人用药品,如第 65/65 号 (EEC) 指令第 2 条中所定义;

(b)"孤儿药"指依据本法规条款和条件进行认定的药品;

(c)"出资者"指在欧洲共同体境内建立的任何法人企业或自然人企业,其致力于获得或已获得对某种药品的孤儿药资格认定;

(d)"评价局"指欧洲药品评价局。

第 3 条 资格认定标准

1. 若出资者能够确定如下事宜,则应将药品认定为孤儿药:

(a) 拟用于诊断、预防或治疗危及生命或慢性衰竭性疾病,且在提交注册申请时,在欧洲共同体境内发病率不超过万分之五,或拟用于在欧洲共同体境内诊断、预防或治疗危及生命、重度衰竭性或重度慢性疾病,且在不提供奖励措施的情况下,在欧洲共同体境内销售该药品将无法获得足够的回报来证明是否值得进行必要的投入;以及

(b) 目前在欧洲共同体境内无获准用于诊断、预防或治疗所关注之疾病的满意方法,或者若存在此类方法,应证明此类疾病的患者能够充分受益于相关药品所产生的疗效。

2. 依据第 10a 条第 (2) 款中所述之监管程序,欧盟委员会应采纳必要条款,以实施本法规的形式贯彻落实本条第 1 款之规定。

第 4 条 孤儿药委员会

1. 兹在欧洲药品评价局内组建孤儿药委员会(以下简称为"委

员会"）。

2. 该委员会的任务是：

(a) 对依据本法规提交，请求将某种药品认定为孤儿药的任何注册申请进行审查；

(b) 就制定和编写欧盟孤儿药政策事宜向欧盟委员会提供建议；

(c) 在国际上协助欧盟委员会就与孤儿药相关的事宜与各方联系，包括与患者支持组织联系；

(d) 协助欧盟委员会起草详细指南。

3. 该委员会应由各成员国分别提名的一名委员、由欧盟委员会提名的三名代表患者组织的委员，以及由欧盟委员会基于欧洲药品评价局的建议提名的三名委员组成。该委员会委员任期 3 年，可连任。可由专家陪同。

4. 该委员会应选出主席，任期 3 年，可连任一次。

5. 欧盟委员会的代表和欧洲药品评价局局长或其代表可出席该委员会召开的所有会议。

6. 欧洲药品评价局应为该委员会提供秘书人员。

7. 依据相关规定，该委员会委员即使卸任，亦负有职业性保密义务，不得披露相关机密信息。

第 5 条　资格认定程序和从注册系统中移除

1. 为使某种药品被认定为孤儿药，出资者应在提交上市许可申请之前，在药品研发的任何阶段向欧洲药品评价局提交注册申请。

2. 在提交注册申请时，应随附下列资料和文件：

(a) 出资者的名称或企业名称和永久地址；

(b) 该药品的活性成分；

(c) 拟治疗的适应证；

(d) 证明符合第 3 条第 (1) 款中所述之标准，并提供关于研发阶段的说明，包括预期的适应证。

3. 欧盟委员会在与各成员国、欧洲药品评价局及利益相关方进行磋商后，应草拟一份关于资格认定申请的规定格式和内容的详细指南。

4. 欧洲药品评价局应对注册申请的有效性进行核实，而后向孤儿药委员会提交一份报告。在适当情况下，该委员会可能会要求出资者随申请一并提交补充的资料和文件。

5. 欧洲药品评价局应确保孤儿药委员会自收到有效申请的 90 日内提出意见。

6. 在编制意见书时，孤儿药委员会应尽最大努力达成共识。若无法达成共识，则该意见书应获得该委员会三分之二以上的多数委员支持才能被采纳。可通过书面程序接收意见书。

7. 如果孤儿药委员会的意见认为所提交的注册申请不符合第 3 条第 (1) 款中所规定之标准，则欧洲药品评价局应及时通知出资者。出资者可在收到意见书后的 90 日内，提起申诉并述明详细理由，欧洲药品评价局应将申诉书转呈至孤儿药委员会。在随后召开的会议上，孤儿药委员会将对是否修改意见进行审议。

8. 欧洲药品评价局应及时将孤儿药委员会的最终意见呈送至欧盟委员会，欧盟委员会应自收到意见书之日起 30 日内做出决定。在特殊情况下，若决定草案与孤儿药委员会提交的意见不符，则应依据第 10a 条第 (2) 款中所述之监管程序采纳此决定。随后，应向出资者发布关于所做决定的通知，并向欧洲药品评价局和各成员国主管部门传达决定内容。

9. 应将指定的药品录入欧洲共同体孤儿药注册系统。

10. 出资者每年均应向欧洲药品评价局提交一份关于指定药品研发状态的报告。

11. 如要将孤儿药的许可资格转让给其他出资者，则许可资格持有人应向欧洲药品评价局提交一份特殊申请。在与各成员国、欧洲药品评价局及利益相关方进行磋商后，欧盟委员会应就转让申请所采用的形式、申请内容及新出资者提供的所有资料等草拟详细指南。

12. 在下列情况下，应将指定的孤儿药从欧洲共同体孤儿药注册系统中移除：

(a) 根据出资者的请求；

(b) 如果在获得上市许可之前，认定相关药品不再符合第 3 条中所规定之标准；

(c) 在第 8 条中所规定之市场专销权保护期限结束时。

第 6 条　援助协议

1. 依据第 2309/93 号 (EEC) 法规第 51 条 (j) 款之规定，孤儿药的出资者可在提交上市许可注册申请之前，向欧洲药品评价局征求关于为证明药品质量、安全性及有效性而需要执行的不同测验和试验的意见。

2. 欧洲药品评价局应草拟一份关于研发孤儿药的程序，其中应涵盖对上市申请内容的定义（如第 2309/93 号 (EEC) 法规第 6 条中所述）提供监管性援助。

第 7 条　欧洲共同体上市许可

1. 负责将孤儿药投放市场的相关人员可依据第 2309/93 号 (EEC) 法规之规定，向欧洲共同体申请颁发将药品投放市场的许可，而无需证明该药品是否符合本法规附件 B 部分中所述之条件。

2. 欧洲共同体应每年向欧洲药品评价局提供一笔特殊捐款，但有别于第 2309/93 号 (EEC) 法规第 57 条中所述之捐款。欧洲药品评价局应将该笔捐款专用于抵免欧洲共同体相关规定（依据第 2309/93 号 (EEC) 法规所采纳）要求缴纳的费用总额中的全部或部分金额。欧洲药品评价局局长在每年年底时应呈交一份关于该笔特殊捐款使用情况的详细报告。若某一年的捐款有任何盈余，则应予以结转，并从下一年度的特殊捐款中扣除盈余部分。

3. 授予孤儿药的上市许可应仅涵盖满足第 3 条中所述之标准的治疗适应证，也可针对超出本法规管辖范围的其他适应证单独申请上市许可，在此方面并不会受到影响。

第 8 条　市场专销权

1. 若依据第 2309/93 号 (EEC) 法规授予孤儿药上市许可，或者若所有成员国依据第 65/65 号 (EEC) 指令第 7 条和第 7a 条，或依据欧盟理事会于 1975 年 5 月 20 日颁布的第 75/319 号 (EEC) 指令第 9 条第 (4) 款中所述之对于与药品相关之类似规定（依据法律、法规或行政措施制定）的彼此互认程序授予上市许可，则在不会对知识产权法或欧洲共同体法律中的任何其他规定产生影响的情况下，欧洲共同体和各成员国在 10 年内不得针对类似药品的相同治疗适应证接受其他上市许可注册申请，或授予上市许可或接受现有上市许可的续期申请。

2. 若在第 5 年结束时，认定相关药品不再满足第 3 条中所述之标准，特别是基于可用的证据显示，该产品已获得足够的盈利，且不能合理证明保留市场专销权的必要性，则该期限将缩短至 6 年。为此，相关成员国应通知欧洲药品评价局，该产品已不再满足授予市场专销权所依据的标准，此时，欧洲药品评价局应启动第 5 条中所述之程序。为此，出资者应向欧洲药品评价局提供必要信息。

3. 作为上述第 1 款豁免的例外情况，在不会对知识产权法或欧洲共同体法律中的任何其他规定产生影响的情况下，若符合下列情形，则可针对类似药品的相同治疗适应证授予上市许可：

(a) 孤儿药上市许可持有人同意第二位申请者提出申请，或

(b) 孤儿药上市许可持有人无法供应足够数量的药品，或

(c) 第二位申请者能够在申请中证明，与已获得许可的孤儿药相比，第二种药品虽与其类似，但却更加安全、更加有效或在临床上更具优势。

4. 欧盟委员会应以颁布实施细则的形式采纳关于"类似药品"和"临床优势"的定义。

旨在对本法规非必要元素进行补充修订的诸多举措应依据第 10a 条第 (3) 款所述之监管审查程序进行。

5. 在与各成员国、欧洲药品评价局及利益相关方进行磋商后，欧盟委员会应草拟一份关于本条款所述之注册申请的详细指南。

第 9 条　其他奖励措施

1. 为支持孤儿药的研发及普及，尤其为研究与技术开发框架计划中所述之中小型企业提供研究方面的援助，依据本法规之规定被认定为专用于罕见病的药品应有资格获得欧洲共同体和各成员国提供的奖励。

2. 在 2000 年 7 月 22 日之前，为支持孤儿药或可能被认定为孤儿药的研发及普及，各成员国应向欧盟委员会通知其颁布之任何措施的详细信息，此类信息应定期进行更新。

3. 在 2001 年 1 月 22 日之前，欧盟委员会应发布为支持孤儿药的

研发及普及而由欧洲共同体和各成员国提供的所有奖励的详细清单，这份清单应定期进行更新。

第 10 条　总体报告

在 2006 年 1 月 22 日之前，欧盟委员会应发布关于应用本法规而获得经验的总体报告，同时一并说明为公众健康所带来的益处。

第 10a 条

1. 欧盟委员会应在人用药品常务委员会的协助下开展工作，如欧洲议会和欧盟理事会于 2001 年 11 月 6 日颁布的第 2001/83 号 (EC) 指令第 121 条第 (1) 款中与人用药品相关的欧洲共同体规范所述。

2. 鉴于第 8 条所述之条款，在涉及本款的情况下，欧盟理事会第 1999/468 号 (EC) 决议第 5 条和第 7 条适用。

第 1999/468 号 (EC) 决议第 5 条第 (6) 款中规定的期限应为 3 个月。

3. 鉴于第 8 条所述之条款，在涉及本款的情况下，第 1999/468 号 (EC) 决议第 5a 条第 (1) 款至第 (4) 款和第 7 条适用。

第 11 条　生效

本法规应自《欧洲共同体官方期刊》发布之日起开始生效。

本法规自采纳第 3 条第 (2) 款和第 8 条第 (4) 款中所述之实施细则之日起适用。

本法规作为一个整体应具有约束力，并可直接适用于所有成员国。

第三编 | 第 1901/2006 号（EC）法规——儿科用药

欧洲议会和欧盟理事会于 2006 年 12 月 12 日颁布的关于儿科用药品的第 1901/2006 号 (EC) 法规，修订第 1768/92 号 (EEC) 法规、第 2001/20 号 (EC) 指令、第 2001/83 号 (EC) 指令及第 726/2004 号 (EC) 法规

（与欧洲经济区 (EEA) 相关的内容）

欧洲议会和欧盟理事会，

鉴于建立欧洲共同体《公约》，尤其是其中第 95 条之规定，

鉴于欧盟委员会提出的建议，

鉴于欧洲经济和社会委员会提出的意见，

经过与各地区委员会的磋商，

依据《公约》第 251 条中所述之程序采取行动，

鉴于：

1. 在一个或多个成员国内将某种人用药品投放市场之前，通常需要进行广泛的研究，包括临床前研究和临床试验，以确保药品在用于目标人群时具有安全性、高品质及有效性。

2. 然而，临床前研究或临床试验并未专门在儿童群体用药品中开展。同时，即便目前已用于儿童群体治疗的许多药品也未开展此类研究或尚未被批准可用于儿童群体。事实证明，仅依靠市场作用不足以促进针对儿童群体用药开展充分的研究、开发及许可。

3. 因缺乏对儿童群体用药的适当调整而导致的问题包括：缺乏足够的剂量信息（这会导致不良反应的风险增加，包括死亡）、因剂量不足导致的治疗无效、儿童群体未能受惠于治疗方法的进步、缺乏适当的剂型和给药途径，以及用于儿童群体治疗的独家配方或中成药制剂可能质量较差等。

4. 本法规旨在惠及儿童群体，促进儿童群体用药的研发，以确保用于儿童群体治疗的药品受到高质量的伦理研究，获得适当的许可（可用于儿童群体的）并改进在不同儿童群体中的药品使用信息。

在实现这些目标的同时，应避免让儿童群体接受不必要的临床试验，且不得延误其他年龄群体的药品许可。

5. 同时要考虑一个事实，即药品监管的根本目标必须为保障公众健康服务，而在实现这一目标的过程中，不得妨碍安全的药品在欧洲共同体境内的自由流通。国家立法、监管及行政规定之间的分歧往往会在欧洲共同体内形成贸易壁垒，进而直接影响国内市场的运营。因此，为防止或消除这些障碍，以及为促进儿科用药的研发和许可而采取的任何措施均为合理举措。有鉴于此，《公约》第 95 条为适当的法律依据。

6. 事实证明，为实现这些目标，有必要建立一套规定双方义务、奖励及激励措施的制度。在确定这些义务、奖励及激励措施的确切性质时应考虑所涉及之特定药品的状态。本法规应适用于所有儿科用药品。因此，其适用范围应涵盖正处于研发阶段、即将获得许可和已获得许可且受知识产权保护的药品，以及已获得许可、但不再受知识产权保护的药品。

7. 任何在儿童群体中开展试验所产生的问题可通过对未经适当测试的群体用药所产生的伦理问题来进行平衡。对于在儿童群体中使用未经测试的药品而对公众健康造成的威胁，可通过对儿童用药开展研究的方式安全解决，在此过程中应遵照欧洲议会和欧盟理事会于 2001 年 4 月 4 日颁布的第 2001/20 号 (EC) 指令中关于对在欧洲共同体境内参与临床试验的儿童群体提供保护的具体规定（各成员国出台的相似法律、法规及行政规定，要求在开展关于人用药品的临床试验过程中实施良好临床规范），并执行严密地管控和监测。

8. 在欧洲药品管理局（简称为"管理局"）内建立一个科学委员会，即"儿科委员会"被视为妥善之举，该委员会应在研发和评估儿童群体治疗用药的各个方面均具有相应的专业知识和能力。第 726/2004 号 (EC) 法规中关于欧洲药品管理局各科学委员会的规定同样适用于儿科委员会。因此，儿科委员会委员不得在制药行业存在可能影响其公正性的经济利益或其他利益，并保证从公众利益的角度出发，以独立的方式行事，每年还应发布一份关于其经济利益的声明。儿科委员会的主要职责是执行科学评估并就儿科研究计划达成一致意见，还需负责制定豁免和延期制度；同时，其核心职责还包括执行本法规中包含的各种配套支持措施。在工作中，儿科委员会应考量为参与研究的患儿或大部分儿童群体所带来的潜在显著疗效，包括需要避免他们参与不必要的研究。儿科委员会应遵循现行欧洲共同体的相关规定（包括第 2001/20 号 (EC) 指令）以及国际医药法规协调会议 (ICH) 关于儿童群体用药研发的 E11 指导原则。同时，在儿童群体中进行研究的要求应避免其他群体用药许可的受理产生任何延误。

9. 为使各方同意和修改儿科研究计划，欧洲药品管理局应建立一套相关程序。儿科研究计划是儿童群体用药研发和许可所依据的文件。儿科研究计划应包括各种详细信息，例如期限和拟采取的措施，以证明儿童群体用药的质量、安全性及有效性。事实上，由于儿童群体由许多群体的子群体构成，因此，儿科研究计划应指明需要对哪些群体的子群体进行研究，并说明研究的具体方式和时间等。

10. 在涉及人用药品的法律框架内引入儿科研究计划，旨在确保可能用于儿童群体的药品研发成为成人药品研发过程中不可分割的一部分，并整合至成人药品研发方案中。因此，儿科研究计划应在药品研发的初期及时提交，以面向儿童群体开展相关研究，一般可以在提交上市许可注册申请之前提交此计划（如适当）。在适当情况下，为确保出资者与儿科委员会之间及早开展对话，应对儿科研究计划的提交设定截止期限。此外，及早提交儿科研究计划及延期请求（如下所述），可避免延误受理其他群体用药的上市申请。由于药品的研发是一个动态过程，取决于当前研究的结果，因此，应制定相应规定，以便必要时对商定的计划进行修改。

11. 有必要针对新型药品和受专利（或补充保护证书）保护且已获得许可的药品出台新规，以便在提交上市许可注册申请或新适应证、新药物剂型、新给药途径申请时，依据商定的儿科研究计划提交儿童群体的研究结果或已获得豁免或延期的证明。儿科研究计划应为判断是否符合该新规的依据。此项新规不适用于通用名药品或类似的生物制品及已通过既定药物使用程序获得许可的药品，亦不适用于通过欧洲议会和欧盟理事会于 2001 年 11 月 6 日颁布的第 2001/83 号 (EC) 指令（与人用药品相关的欧洲共同体规范）中规定的简化注册程序获得许可的顺势疗法药品和传统草药。

12. 应针对未受专利或补充保护证书保护的儿科用药品制定相应规定，以获得欧洲共同体研究计划的资助。

13. 为确保面向儿童群体的研究仅针对其治疗需求，欧洲药品管理局需制定相应程序，以使特定药品或某些药品类别可免受上述第 (11) 款中所述之规定的限制，欧洲药品管理局随后应公布这些享受豁免权的药品。随着时间的推移，科学知识和医学不断发展，应制定相应规定，对豁免药品清单进行修订。然而，若某种药品的豁免权被撤销，则在指定期限内，此项规定不适用，因为至少应在提交上市许可注册申请之前，为商定儿科研究计划和启动儿童群体的研究留出时间。

14. 在某些情况下，为确保仅在安全和符合伦理道德的情况下开展研究，同时确保针对儿童群体研究数据的相关规定不会对其他群体用药的许可受理造成阻碍或延误，欧洲药品管理局应推迟启动或完成儿科研究计划中的部分或所有措施。

15. 作为一项奖励措施，欧洲药品管理局应向研发儿童用药的出资者提供免费的科学建议。为确保实现科学上的一致性，欧洲药品管理局应有效管理儿科委员会与人用药品委员会科学咨询工作小组之间的交流，以及儿科委员会与其他欧洲共同体委员会和相关药品工作小组之间的互动。

16. 不得更改现行人用药品上市许可的受理程序。主管部门应遵循第 (11) 款中所述之规定，审查人用药品是否符合商定的儿科研究计划，同时对目前处于上市许可注册申请核实阶段的任何获得豁免和延期的药品进行审查。主管部门应对儿童用药的质量、安全性及有效性进行评估，并决定是否授予上市许可。儿科委员会应制定相应规定，以便提供关于儿童用药的合规性、质量、安全性及有效性方面的意见。

17. 为向医疗保健专业人士和患者提供关于儿童用药的安全性和有效性方面的信息，并作为一项提升透明度的举措，在药品信息中应包含关于儿童用药研究的结果及关于儿科研究计划、获得豁免和延期药物的状态信息。若已履行儿科研究计划中的所有措施，则应在上市许可中对此事实进行记录，制药公司可以此为依据获得合规奖励。

18. 为识别获准用于儿童群体的药品并能够使用此类药品的处方，应规定适应证适用于儿童群体的药品标签上显示"由欧盟委员会基于儿科委员会的建议选定"之标志。

19. 为针对已获得许可、但不再受知识产权保护的药品制定奖励措施，有必要创建一种新型上市许可——"儿科用药上市许可"。应通过现行上市许可程序授予儿科用药上市许可，但对于研发后专用于儿童群体的药品则需专门提交上市许可申请。为利用现有品牌的识别度，同时享受新上市许可赋予的数据专属权，获得儿科用药上市许可的药品可保留现有品牌名称，即可与获准用于成人的药品名称相对应。

20. 在儿科用药上市许可注册申请中，应包括药品在儿童群体中使用情况的数据，此类数据依据商定的儿科研究计划进行收集。这些数据可摘自出版的文献或来自全新的研究。在儿科用药上市许可注册申请中，还应能够引用在欧洲共同体境内获得或已获得许可的药品上市申请资料中的数据。这样做旨在为中小型企业，包括经营仿制药的公司，提供额外奖励，以鼓励他们研发用于儿童群体的仿制药。

21. 本法规应包含如下举措：旨在供欧洲共同体境内的人们最大程度获得可用于儿童的新药（经临床试验和调整）。同时若新批准的药品未惠及欧洲共同体的儿童群体，则应最大程度地降低申请人获得欧洲共同体范围内新药研发的奖励和激励的机会。若上市许可注册申请（包括儿科用药上市许可的注册申请）中包含遵循商定的儿科研究计划开展之研究的结果，则符合按第 726/2004 号 (EC) 法规第 5 条至第 15 条中规定之欧洲共同体集中审批程序进行受理的资格。

22. 若依据商定的儿科研究计划向已凭借其他适应证获得许可的药品授予儿科适应证上市许可，则上市许可持有人应自适应证获得批准之日起 2 年内，在参考儿科相关信息的情况下，将该药品投放市场。此规定仅适用于已获得许可的药品，而不适用于通过儿科上市许可程序获得许可的药品。

23. 应建立一套备选程序，以便按照商定的儿科研究计划，将关于儿童群体的数据纳入上市许可注册申请中时，可以为在各成员国内批准的药品获取一份独立的、欧洲共同体范围的意见。为实现这一目标，可运用第 2001/83 号 (EC) 指令第 32 条、第 33 条及第 34 条中所述之程序。这将允许采纳关于在儿童群体中使用该药品的欧洲共同体整体性决定，并在所有全国性药品信息中包含此决定。

24. 为应对收集安全性数据（包括关于长期潜在影响的数据）过程中所面临的具体挑战，务必确保采用药物警戒机制。对于在儿童群体中所产生的疗效，可能还需在获得许可后开展更深入的研究。因此，申请者有义务履行关于上市许可申请的一项其他规定，即在申请中包含关于遵循商定的儿科研究计划开展之研究的结果，并说明其为确保长期跟进因使用药品所产生的潜在不良反应和对儿童群体所产生的疗效而提出的建议。此外，若有值得特别关注的问题，申请者应提交和实施风险管理系统和 / 或执行特定的上市后研究，以作为授予上市许可的条件。

25. 务必从公众健康的利益出发，确保持续提供依据本法规研发的、可用于儿科适应证的、安全有效的药品。如果上市许可持有人拟进行药品撤市，那么随后应做好安排部署，以使儿童群体能够继续获得此类尚在讨论的药品。为促成这一目标，上市许可持有人如有任何此类意图，应及时通知欧洲药品管理局，并将此意图对外公布。

26. 对于需按要求提交儿科数据的药品，若已履行商定的儿科研究计划中的所有措施；若该药品在所有成员国均获得许可；并且，若在药品信息中包含与研究结果相关的信息，则将依据欧盟理事会第 1768/92 号 (EEC) 法规之规定，通过为补充保护证书延期 6 个月的形式授予奖励。由各成员国相关部门就药品定价或将药品纳入全国医疗保险计划做出的任何决定，不影响该奖励的授予。

27. 仅在依据第 1768/92 号 (EEC) 法规授予补充保护证书的情况下，可依据本法规之规定申请延长补充保护证书的有效期限。

28. 授予此奖励是因为在儿童群体中开展研究，而非因为证明某药品用于儿童群体具有安全性和有效性，所以，即使在儿童适应证未获得许可的情况下，也应授予奖励。然而，为提升儿童群体用药信息的可用性，在获得许可的药品信息中，应包含儿童群体用药情况的相关信息。

29. 依据欧洲议会和欧盟理事会于 1999 年 12 月 16 日颁布的关于孤儿药的第 141/2000 号 (EC) 法规之规定，被认定为孤儿药的药品在针对罕见病适应证获得上市许可后，可享受 10 年的市场专销权。由于此类药品通常不受专利保护，因此，补充保护证书延期的奖励不适用；若此类药品受专利保护，则将提供双重延期奖励。因此，对于孤儿药而言，若完全按要求提供儿童群体用药情况的数据，则可获得将 10 年孤儿药的市场专销权延长至 12 年的奖励，而非获得补充保护证书延期的奖励。

30. 本法规中所述之措施不应妨碍其他激励或奖励措施的运作。为确保不同措施在欧洲共同体和成员国层面的透明度，欧盟委员会应基于各成员国提供的信息草拟一份包含所有可用奖励措施的详细清单。本法规中所述之措施（包括就儿科研究计划所达成一致意见）不应成为获得任何其他欧洲共同体研究支持奖励的理由，例如为"欧洲共同体长期研究、技术进步及示范活动框架计划"下的研究项目提供资助。

31. 为提升儿童群体用药信息的可用性及避免在儿童群体中开展不必要的重复研究（不会令整体知识有所增强），应在第 2001/20 号 (EC) 指令第 11 条中所述之欧洲数据库中建立一个欧洲儿科用药临床试验注册系统，其中包含在欧洲共同体境内及第三国开展的所有正在进行、永久终止及已完成的儿科研究。欧洲药品管理局应对外公布录入该数据库中的儿科临床试验的部分信息及提交主管部门的所有儿科临床试验的详细结果。

32. 儿科委员会在与欧盟委员会、各成员国及利益相关方进行磋商后，应建立一份儿童群体的治疗需求清单，并对清单进行定期更新。在此清单中，应识别目前用于儿童群体的药品，并强调该群体的治疗需求，以及研发工作的优先事项。通过采取此种方式，各公司将能够轻松识别企业发展机遇；儿科委员会在对儿科研究计划、获得豁免和延期的药品进行评估时也能够更明确地判断对药品和研究的需求；以及医疗保健专业人士和患者应掌握的关于可用资源的信息，从而为其选择药品提供支持。

33. 面向儿童群体的临床试验可能需要具有特定领域的专业知识，掌握具体方法，在某些情况下，还需有专业设施，并应由经过适当培训的研究人员执行。为在欧洲共同体层面加强必要的能力而将国家和欧洲共同体的各种计划和研究中心紧密联系起来的网络容纳了欧洲共同体和第三国的相关数据，这将有助于促进合作和避免重复研究。在推行"欧洲共同体长期研究、技术进步及示范活动框架计划"的背景下，该网络将为加强欧洲研究区的基础工作助力，让儿童群体受益，并为业界提供信息和专业知识来源。

34. 就某些获批药品而言，制药公司可能已掌握了其用于儿童群体的安全性或有效性的数据。为提升儿童群体用药信息的可用性，掌握此类数据的各公司需要向所有颁发药品许可的主管部门提交数据。通过此种方式，数据可被评估。同时，在适当情况下，上述信息也应该被包括在专门为医疗保健专业人士和患者提供的药品信息中。

35. 欧洲共同体应为儿科委员会和欧洲药品管理局在实施本法规过程中所执行的各方面工作（例如评估儿科研究计划）提供资助，并免费提供科学建议、相关信息及提升透明度的举措，包括儿科研究和网络数据库。

36. 应依据欧盟理事会于 1999 年 6 月 28 日颁布的第 1999/468 号 (EC) 决议采纳实施本法规所必需采取的措施，该决议中规定了欧盟委员会行使所赋予之权力应履行的程序。

37. 第 1768/92 号 (EEC) 法规、第 2001/20 号 (EC) 指令、第 2001/83 号 (EC) 指令及第 726/2004 号 (EC) 法规应进行相应修订。

38. 各成员国无法充分实现本法规所设定的目标（即改善儿科用药品的可用性），只有在欧洲共同体层面，其才能更有效地达成——前提是欧洲共同体能够充分利用最为广泛的市场并避免有限资源的分散。欧洲共同体可依据《公约》第 5 条中所述之"权力自主原则"采取相关措施。但依据该条款所规定的"均衡性原则"，本法规为实现其内在目标所采取的措施不得超出达成这一目标的必要措施。

已采纳本法规：

第一篇　介绍性规定

第一章　主题和定义

第 1 条

为满足儿童群体的特定治疗需求，同时避免儿童群体接受不必要的临床或其他试验，以及为遵守第 2001/20 号 (EC) 指令之规定，本法规针对人用药品的研发制定了相关规定。

第 2 条

除第 2001/83 号 (EC) 指令第 1 条中所述之定义外，下列定义应适用于本法规：

1) "儿童群体" 指年龄从出生至 18 岁的群体；

2) "儿科研究计划" 指研究和开发计划，旨在确保收集必要的数据，用于确定向儿童群体治疗用药授予许可的条件；

3) "在儿科适应证方面获得许可的药品" 指某种药品获准用于部分或全部儿童群体的治疗，在依据第 2001/83 号 (EC) 指令第 11 条之规定草拟的药品特性总结中具体介绍了获得许可之适应证的详情；

4) "儿科用药上市许可" 指授予的人用药品上市许可不受补充保

护证书保护（如第 1768/92 号 (EEC) 法规所述）或不受符合授予补充保护证书资格的专利所保护，其独家涵盖适用于儿童群体或子群体的治疗适应证，包括适当的药物规格、药物剂型或给药途径。

第二章　儿科委员会

第 3 条

1. 在 2007 年 7 月 26 日之前，应依据第 726/2004 号 (EC) 法规在欧洲药品管理局（简称为"管理局"）内组建儿科委员会。在依据第 4 条第 (1) 款 (a) 点和 (b) 点之规定完成委员的任命之后，应视为儿科委员会正式成立。

欧洲药品管理局应为儿科委员会履行秘书职能，并为其提供技术和科学支持。

2. 除非本法规中另有规定，否则第 726/2004 号 (EC) 法规应适用于儿科委员会，其中包括关于委员应保持独立性和公正性的规定。

3. 欧洲药品管理局局长应确保在儿科委员会与人用药品委员会、孤儿药委员会、各工作组及任何其他科学顾问小组之间进行适当的协调。

欧洲药品管理局应针对各方之间可能进行的磋商草拟一份具体的规程。

第 4 条

1. 儿科委员会应由下列委员组成：

(a) 依据第 726/2004 号 (EC) 法规第 61 条第 (1) 款之规定，任命人用药品委员会的五名委员及候补委员担任儿科委员会委员。这五名委员及其候补委员应由人用药品委员会任命；

(b) 若某些成员国的国家主管部门并非由人用药品委员会任命的委员担任代表，则此类成员国可各任命一名委员和一名候补委员；

(c) 为选拔代表医疗保健专业人士的委员，欧盟委员会在与欧洲议会进行磋商后，将基于公众呼吁完成的利益声明任命三名委员和三名候补委员；

(d) 为选拔代表患者协会的委员，欧盟委员会在与欧洲议会进行磋商后，将基于公众呼吁完成的利益声明任命三名委员和三名候补委员；

候补委员可代表缺席委员行使表决权。

对于 (a) 点和 (b) 点而言，各成员国应在欧洲药品管理局局长的协调下相互合作，以确保儿科委员会的组成人员（包括委员和候补委员）中涵盖与儿科用药品相关的科学领域，至少应包括：药物研发、儿科医学、全科医生、儿科药学、儿科药理学、儿科研究、药物警戒、伦理及公共卫生等领域。

对于 (c) 点和 (d) 点而言，欧盟委员会应考虑依据 (a) 点和 (b) 点之规定任命的委员所提供的专业知识。

2. 儿科委员会委员的任期为 3 年，可连任。在儿科委员会举行的会议上，各位委员可在专家的陪同下与会。

3. 儿科委员会应从委员中选出主席，任期 3 年，可连任一次。

4. 欧洲药品管理局应对外公布各位委员的姓名和资质。

第 5 条

1. 在编制意见书时，儿科委员会应尽最大努力达成科学共识。若无法达成共识，则儿科委员会应在获得多数委员支持的情况下才能采纳意见书。意见书中应提及不同的立场并提供所依据的理由。应依据第 25 条第 (5) 款和第 (7) 款之规定，将此意见书供公众查看。

2. 为执行相关任务，儿科委员会应草拟一套议事规则。

在收到欧洲药品管理局管理委员会及欧盟委员会于随后发表的赞成意见后，议事规则将立即生效。

3. 欧盟委员会代表、欧洲药品管理局局长或其代表可出席儿科委员会召开的所有会议。

第 6 条

1. 儿科委员会应承担下列任务，具体包括：

(a) 依据本法规之规定，对向该委员会提交的涉及某种药品的任何儿科研究计划的内容进行评估，并编写意见书；

(b) 对获得豁免和延期之药品进行评估，并编写意见书；

(c) 应人用药品委员会、主管部门或申请者的要求，对上市许可注册申请是否符合商定的相关儿科研究计划进行评估，并编写意见书；

(d) 应人用药品委员会或主管部门的要求，对依据商定的儿科研究计划获得的任何数据进行评估，并针对儿童群体用药品的质量、安全性或有效性编写意见书；

(e) 为开展第 42 条中所述之调查，对收集之数据的内容和格式提供建议；

(f) 为建立第 44 条中所述之欧洲网络提供支持和建议；

(g) 以科学方式协助编制与完成本法规中所设定之目标相关的任何文件；

(h) 应欧洲药品管理局局长或欧盟委员会的要求，针对与儿童用药相关的任何问题提供建议；

(i) 依据第 43 条之所述，针对儿科用药品的需求编制具体清单，并定期更新；

(j) 针对开展儿童用药研究的安排部署和沟通问题向欧洲药品管理局和欧盟委员会提供建议；

(k) 针对第 32 条第 (2) 款中所述之标志向欧盟委员会提供建议。

2. 在执行任务时，儿科委员会应考虑任何拟定的研究能否实现预期的显著疗效及 / 或满足儿童群体的治疗需求。儿科委员会应将任何可用的信息纳入考量，包括由第三国主管部门提供的任何意见、决定或建议。

第二篇　上市许可申请要求

第一章　一般上市申请要求

第 7 条

1. 依据第 2001/83 号 (EC) 指令第 6 条之规定，对于在本法规生效之时尚未在欧洲共同体境内获得许可的人用药品，在申请上市许可时，除提供第 2001/83 号 (EC) 指令第 8 条第 (3) 款中所提及之资料和文件外，还须提交下列材料，才能将注册申请视为有效：

(a) 依据商定的儿科研究计划执行的所有研究结果和收集的所有信息详情；

(b) 欧洲药品管理局授予特定药品的豁免决定；

(c) 欧洲药品管理局依据第 11 条中所述之规定授予此类药品豁免权的决定；

(d) 欧洲药品管理局授予延期的决定。

对于 (a) 点而言，还应在注册申请中提供关于欧洲药品管理局同意相关儿科研究计划的决定。

2. 依据第 1 款提交的文件应累计涵盖儿童群体的所有子群体。

第 8 条

如果获得许可的药品受补充保护证书保护（如第 1768/92 号 (EEC) 法规所述）或受符合授予补充保护证书资格的专利所保护，则本法规第 7 条应适用于新适应证（包括儿童群体）、新药物剂型及新给药途径的上市申请。

对于第 1 项而言，第 7 条第 (1) 款中所提及之文件应涵盖现有和新适应证、药物剂型及给药途径。

第 9 条
第 7 条和第 8 条不适用于依据第 2001/83 号 (EC) 指令第 10 条、第 10a 条、第 13 条至第 16 条或第 16a 条至第 16i 条授予许可的药品。

第 10 条
欧盟委员会在与各成员国、欧洲药品管理局及其他利益相关方进行磋商后，应针对儿科研究计划的商定或修改申请、药品的豁免或延期申请所必须遵循的有效格式和内容，以及第 23 条和第 28 条第 (3) 款中所述之合规审查的执行，草拟一份详细的规定。

第二章 豁免

第 11 条
1. 若有证据证明下列任何情况，则特定药品或某些类别的药品可免于提供第 7 条第 (1) 款 (a) 点中所述之信息：

(a) 该特定药品或某些类别的药品对于部分或所有儿童群体无效或不安全；

(b) 该特定药品或该类药品所适用的疾病或病症仅发病于成人群体；

(c) 该特定药品未在儿童群体的当前治疗中呈现显著疗效。

2. 在涉及儿童群体一个或多个指定的子群体、一种或多种指定的治疗适应证或二者兼之的情况下，可能会授予第 1 款中所述之豁免权。

第 12 条

儿科委员会可基于第 11 条第 (1) 款中所述之原因主动采纳关于应授予特定药品或某类药品豁免权（如第 11 条第 (1) 款之所述）的意见。

在儿科委员会采纳意见后，第 25 条中所述之程序适用。若授予某类药品豁免权，则仅第 25 条第 6 款和第 7 款适用。

第 13 条

1. 申请者可基于第 11 条第 (1) 款中所述之原因向欧洲药品管理局针对特定药品申请豁免权。

2. 在收到申请后，儿科委员会应任命一位报告员，报告员应在 60 日内给出是否授予特定药品豁免权的意见。在 60 日期限内，申请者或儿科委员会可请求举行会谈。在适当情况下，儿科委员会可要求申请者补充提交相关资料和文件。若儿科委员会选择此种方式，则在申请者提交所需的补充信息之前，应暂停计算 60 日期限。

3. 在儿科委员会采纳意见后，第 25 条中所述之程序适用。

第 14 条

1.欧洲药品管理局应保留一份获得豁免权的所有药品清单。应定期更新此清单，至少每年一次，并对外公布。

2.儿科委员会可随时采纳关于对某种豁免药品进行审查的意见。若所做更改对特定药品的豁免权产生影响，则第 25 条中所述之程序适用。

若所做更改对某类药品的豁免权产生影响，则第 25 条第 6 款和第 7 款适用。

3.若撤销特定药品或某类药品的豁免权，则自将其从豁免药品清单中移除之日起，第 7 条和第 8 条中所述之规定将在 36 个月内不适用。

第三章 儿科研究计划

第一节 请求达成一致意见

第 15 条

1.若拟依据第 7 条第 (1) 款 (a) 点或 (d) 点、第 8 条或第 30 条之规定申请上市许可，则应拟定儿科研究计划草案，并提交至欧洲药品管理局，以请求获得赞同。

2.儿科研究计划中应指定拟采取的措施和期限，以评估用于儿童群体所有相关子群体的药品质量、安全性及有效性。此外，还应阐述为调整药品配方所采取的任何措施，从而使其在用于儿童群体的不同子群体时更易于接受、更轻松、更安全、更有效。

第 16 条

1. 在申请第 7 条和第 8 条中提及之上市许可或申请第 11 条和第 12 条中提及之豁免权的情况下，儿科研究计划或豁免权申请应随附一份请求赞同申请，同时，除非给出正当理由，否则最迟应在完成第 2001/83 号 (EC) 指令附件 I 第 1 部分第 5.2.3 节中规定的成人人体药代动力学研究之前提交，从而确保在对上市许可申请或其他相关申请进行评估时对相关药品在儿童群体中的使用情况提出意见。

2. 欧洲药品管理局应自收到第 1 款和第 15 条第 (1) 款中所述之请求之日起 30 日内，对请求的有效性进行核实，并为儿科委员会编写一份总结报告。

3. 在适当情况下，欧洲药品管理局可要求申请者提交其他资料和文件，在此情况下，在申请者提交所需的补充信息之前，应暂停计算 30 日期限。

第 17 条

1. 在收到拟定的儿科研究计划（依据第 15 条第 (2) 款之规定认定为有效）之后，儿科委员会应任命一位报告员，报告员应在 60 日内针对拟定的研究是否会生成必要的数据（这些数据将用于确定药品可用于儿童群体或其子群体治疗的条件）以及预期的疗效能否证明拟定的研究具有合理性等采纳相关意见。在采纳意见后，儿科委员会应考虑为用于不同儿童群体而拟采取的调整药品配方的措施是否适当。

同一期限内，申请者或儿科委员会可请求举行会谈。

2. 在第 1 款中所述之 60 日期限内，儿科委员会可要求申请者对研究计划提出修改，在此情况下，为采纳最终意见，应将第 1 款中所述之期限最多延长 60 日。在此情况下，申请者或儿科委员会可在此期间内请求召开其他会谈。在申请者提交所需的补充信息之前，应暂停计算此期限。

第 18 条
在儿科委员会采纳意见后，无论相关意见持肯定或否定态度，第 25 条中所述之程序均适用。

第 19 条
在对儿科研究计划进行审议后，若儿科委员会的结论是第 11 条第 (1) 款 (a)、(b)、(c) 点适用于相关药品，则应依据第 17 条第 (1) 款之规定采纳否定意见。

在此情况下，儿科委员会应依据第 12 条之规定采纳赞同授予豁免权的意见，而第 25 条中所述之程序适用。

第二节　延期

第 20 条
1. 在依据第 16 条第 (1) 款之规定提交儿科研究计划的同时，还应随附一份关于请求延期启动或完成该计划中部分或全部措施的申请。应基于科学和技术原因或与公众健康相关的原因判断此类延期申请是否合理。

在任何情况下，如果在儿童群体的研究开始之前，开展成人群体的研究被认为适当，或如果儿童群体的研究时间要长于成人群体的研究，则可获准延期。

2. 欧盟委员会可基于因执行本条款而获得的经验，依据第 51 条第 (2) 款中所述之监管审查程序采纳关于对本法规中非必要元素进行修订或补充的规定，以进一步定义获准延期的理由。

第 21 条

1. 儿科委员会在依据第 17 条第 (1) 款之规定采纳肯定意见时，若第 20 条中指定之条件得以满足，应主动或根据申请者依据第 20 条之规定提出的请求采纳赞同延期启动或完成该计划中部分或全部措施的意见。

赞同意见书中应具体说明启动或完成相关措施的期限。

2. 如第 1 款所述，在儿科委员会采纳赞同延期的意见后，第 25 条中规定之程序适用。

第三节 修改儿科研究计划

第 22 条

在做出赞同儿科研究计划的决定后，若由于提交的计划不可行或不再适用而导致申请者难以将计划付诸实施，则申请者可详细说明原因，向儿科委员会提请修改或请求延期或豁免。儿科委员会应在 60 日内对提请的修改或延期或豁免请求进行审查，并采纳提出的拒绝或赞同意见。在儿科委员会采纳意见后，无论相关意见持肯定或否定态度，第 25 条中所述之程序均适用。

第四节 遵守儿科研究计划

第 23 条

1. 负责授予上市许可的主管部门应核实上市许可申请或变更申请是否符合第 7 条和第 8 条中所属之规定，以及依据第 30 条提交之申请是否符合商定的儿科研究计划。

如果依据第 2001/83 号 (EC) 指令第 27 条至第 39 条所述之程序提交申请，则应由参照国对合规性进行核实，其中包括依据本条第 2 款 (b) 点和 (c) 点向儿科委员会征求意见（如适当）。

2. 在下列情况下，各方将要求儿科委员会针对由申请者开展的研究是否符合商定的儿科研究计划发表意见：

(a) 由申请者在提交上市许可申请或变更申请（如第 7 条、第 8 条及第 30 条中分别规定）之前向儿科委员会征求意见；

(b) 由欧洲药品管理局或国家主管部门在对申请（如 (a) 点所述）进行核实时向儿科委员会征求意见，但其中不包括在收到请求（如 (a) 点所述）后采纳的关于合规性的意见；

(c) 人用药品委员会或国家主管部门在对申请（如 (a) 点所述）进行评估时，若对合规性存有疑问，且在收到请求（如 (a) 点或 (b) 点所述）后未给出意见，可向儿科委员会征求意见。

在 (a) 点所述之情况下，申请者应在儿科委员会采纳其意见之后提交申请，并随申请附上意见书副本。

3. 若如第 2 款所述，向儿科委员会征求意见，则儿科委员会应在收到请求后的 60 日内提出意见。

各成员国应考虑其所提供的意见。

第 24 条

在对有效的上市许可申请执行科学评估时，若主管部门的结论是相关研究不符合商定的儿科研究计划，则药品将不符合获得第 36、37、38 条规定的奖励和激励措施的资格。

第四章 程序

第 25 条

1. 欧洲药品管理局在收到儿科委员会意见书后的 10 日内，应将其转交给申请者。

2. 申请者在收到儿科委员会意见书后的 30 日内，可向欧洲药品管理局提交述明详细原因的书面请求，请求对此意见书进行重新审查。

3. 儿科委员会应在任命新任报告员后，并在收到第 2 款中所述之重新审查请求后的 30 日内发布确认或更改先前意见的新意见书。报告员可以直接向申请者提问。申请者还可主动接受提问。报告员应以书面形式将与申请者联系的详情通知儿科委员会，不得违误。新意见书中应提供正当理由，并随附所得结论的原因说明，新意见书为具有决定性的最终意见书。

4. 若申请者在第 2 款中所述之 30 日期限内请求重新审查，则儿科委员会的意见书应为最终意见书。

5. 欧洲药品管理局最迟应自收到儿科委员会的最终意见书后 10 日内做出决定。在做出决定后，应以书面形式向申请者传达决定内容，并随附儿科委员会的最终意见书。

6. 在涉及第 12 条中所述之某类豁免药品的情况下，欧洲药品管理局应自收到儿科委员会意见书（如第 13 条第 (3) 款中所述）后的 10 日内做出决定。

在发送决定书时，应随附儿科委员会的意见书。

7. 在删除具有商业机密性质的信息后，应对外公布欧洲药品管理局的决定。

第五章　杂项条款

第 26 条

依据第 726/2004 号 (EC) 法规第 57 条第 (1) 款 (n) 点之规定，研发儿科用药的任何法人企业或自然人企业在提交儿科研究计划之前和实施该计划期间，为证明药品质量及其对于儿童群体的安全性和有效性，可向欧洲药品管理局征求关于如何规划和开展各种必要检测和研究的建议。

此外，此法人企业或自然人企业还可征求关于如何设计和实施药物警戒和风险管理系统（如第 34 条所述）方面的建议。

根据本条款之规定，欧洲药品管理局应免费提供建议。

第三篇 上市许可申请程序

第 27 条

除非本篇中另有规定，否则本篇所涵盖之上市许可的申请程序均应遵守第 726/2004 号 (EC) 法规或第 2001/83 号 (EC) 指令中所述之规定。

第一章 适用第 7 条和第 8 条范畴的上市许可申请程序

第 28 条

1. 申请者可依据第 726/2004 号 (EC) 法规第 5 条至第 15 条中所述之程序提交上市许可（如本法规第 7 条第 (1) 款所述）申请，此上市许可将以按照商定的儿科研究计划所开展的研究为依据，涵盖一种或多种儿科适应证。

在授予许可的情况下，倘若主管部门认为所有此类研究的结果对患者有用，则无论相关儿科适应证是否已获得主管部门审批，均应在药品特性总结和包装说明书（如适当）中提供所有此类研究的结果。

2. 在授予或变更上市许可的情况下，应在相关药品的药品特性总结和包装说明书（如适当）中记录依据本法规准许的任何豁免或延期。

3. 若申请符合儿科研究计划所有规定，并且药品特性总结中反映的研究结果符合儿科研究计划，则主管部门应在上市许可中纳入一份声明，以示申请符合商定的完整儿科研究计划。对于第 45

条第 (3) 款中所述之申请而言，此份声明中还应说明，在本法规
生效后，商定的儿科研究计划中所包含的重要研究是否已完成。

第 29 条

在涉及依据第 2001/83 号 (EC) 指令授予许可之药品的情况下，可
依据该指令第 32、33、34 条中所述之程序提交本法规第 8 条中
所述之新适应证许可（包括扩大许可在儿童群体中的使用范围）、
新药物剂型或新给药途径申请。

此申请应符合第 7 条第 (1) 款 (a) 点中所述之规定。

仅在对药品特性总结中的具体变更部分进行评估时，此程序适用。

第二章　儿科用药上市许可

第 30 条

1. 在任何情况下，提交儿科用药上市许可申请均不会妨碍申请其
他适应证上市许可的权利。

2. 依据商定的儿科研究计划，应随儿科用药上市许可申请一并提
交必要的资料和文件，以证明药品的质量及对于儿童群体的安全
性及有效性，包括所需的全部具体数据，以支持药物规格、药物
剂型或给药途径的适当性。在注册申请中还应提供欧洲药品管理
局赞同相关儿科研究计划的决定。

3. 若某种药品在某成员国或欧盟境内获得或已获得许可，则在适
当情况下，应依据第 726/2004 号 (EC) 法规第 14 条第 (11) 款或第
2001/83 号 (EC) 指令第 10 条之规定，在儿科用药上市许可注册申

请中引用该药品申请资料中所包含的数据。

4. 获得儿科上市许可的药品可保留与其含有相同活性成分的任何
药品的名称，若该药品的许可持有人同时获得成人用药品许可，
则可采用与成人用药品相同的名称。

第 31 条

在不违反第 726/2004 号 (EC) 法规第 3 条第 (2) 款之规定的情况下，
可依据第 726/2004 号 (EC) 法规第 5 条至第 15 条中所述之程序提
交儿科用药上市许可注册申请。

第三章　儿科用药身份识别

第 32 条

1. 若某种药品在儿科适应证方面获得上市许可，则标签中应显示
依据第 2 款之规定商定使用的标志。包装说明书中应包含对此标
志含义的解释说明。

2. 欧盟委员会应于 2008 年 1 月 26 日之前，依据儿科委员会的建
议选择一个标志。欧盟委员会应将此标志对外公布。

3. 在儿科适应证方面获得许可的药品中，本条款之规定还应适用
于在本法规生效之前获得许可的药品，以及适用于在本法规生效
之后、此标志公布之前获得许可的药品。

在此情况下，最迟应于此标志公布的 2 年后，在相关药品的标签
和包装说明书中分别包含此标志和第 1 款中所提及之解释说明。

第四篇　上市后的要求

第 33 条

若药品在完成商定的儿科研究计划后在儿科适应证方面获得许可，且此类药品已凭借其他适应证上市销售，则上市许可持有人应自获得儿科适应证许可之日起 2 年内，考虑到儿科适应证的情况，将此药品投放市场。由欧洲药品管理局负责协调并供公众使用的注册系统中应提及各种情况的截止期限。

第 34 条

1. 在下列情况下，申请者应详细介绍所采取的措施，以确保跟进儿科用药的疗效和可能产生的不良反应：

(a) 上市许可注册申请中包括儿科适应证；

(b) 在当前上市许可注册申请中拟包括儿科适应证；

(c) 提出儿科用药上市许可注册申请。

2. 若有需要特别值得关注的问题，主管部门应要求申请者建立风险管理系统或执行特定的上市后研究，而后提交研究结果，以供审查，同时将此作为授予上市许可的条件。风险管理系统应由一系列药物警戒活动和干预措施组成，旨在发现、描述、防止或最大限度地减少与药品相关的风险，包括对干预措施效果的评估。

在第 2001/83 号 (EC) 指令第 104 条第 (6) 款和第 726/2004 号 (EC) 法规第 24 条和第 (3) 款中所提及之定期安全更新报告中，应包括全部风险管理系统有效性的评估报告和开展的任何研究结果。

此外，主管部门可要求提交其他关于任何风险最小化系统有效性的评估报告和开展的任何此类研究结果。

3. 除第 1 款和第 2 款之外，第 726/2004 号 (EC) 法规和第 2001/83 号 (EC) 指令中所述之关于药物警戒的规定应适用于包含儿科适应证的药品上市许可。

4. 在涉及延期的情况下，上市许可持有人应依据欧洲药品管理局同意儿科研究计划和批准延期的决定，向欧洲药品管理局提交关于儿科研究最新进展的年度报告。

如发现上市许可持有人未能遵守欧洲药品管理局同意儿科研究计划和批准延期的决定，欧洲药品管理局应通知主管部门。

5. 欧洲药品管理局应针对本条款相关的注册申请草拟一份详细的指南。

第 35 条

若某种药品在儿科适应证方面获得许可，且上市许可持有人已依据第 36、37 或 38 条之规定获得奖励或受益于相关激励措施，在相关保护期限已期满的情况下，若上市许可持有人拟停止将药品投放市场，则上市许可持有人应基于第 2001/83 号 (EC) 指令第 10c 条之规定转让上市许可或允许第三方（宣称有意将所聚焦的药品继续投放市场者）使用药品申请资料中关于配药、临床前及临床方面的文件。

若上市许可持有人拟停止将药品投放市场，则最迟应在停止销售前 6 个月通知欧洲药品管理局。欧洲药品管理局应将这一事实对外公布。

第五篇　奖励和激励措施

第 36 条

1. 若依据第 7 条或第 8 条提交的注册申请包括按照商定的儿科研究计划开展的所有研究结果，则专利或补充保护证书持有人应有权获得保护期延长 6 个月的奖励（如第 1768/92 号 (EEC) 法规第 13 条第 (1) 款和第 (2) 款中所述）。

若在完成商定的儿科研究计划后未能获得儿科适应证的许可，但在药品特性总结和相关药品包装说明书（如适当）中体现了所开展的研究结果，则第 1 款之规定亦应适用。

2. 出于应用本条第 1 款之目的，应运用第 28 条第 (3) 款中所述之上市许可声明中包含的内容。

3. 若已执行第 2001/83 号 (EC) 指令中规定之程序，则仅在所有成员国均授予该药品许可的前提下，准许将保护期延长 6 个月（如第 1 款中所述）。

4. 对于受补充保护证书保护（如第 1768/92 号 (EEC) 法规中所述）或受符合授予补充保护证书资格的专利所保护的药品，第 1 款、第 2 款及第 3 款应适用。但这些条款不适用于依据第 141/2000 号 (EC) 法规指定为专用于孤儿药的药品。

5. 在第 8 条中所述之注册申请获得新儿科适应证许可的情况下，若申请者依据第 726/2004 号 (EC) 法规第 14 条第 (11) 款或第

2001/83 号 (EC) 指令第 10 条第 (1) 款第 4 项之规定，出于相关原因（如与现有治疗方法相比，新儿科适应证具有更为显著的临床疗效）针对相关药品申请并获得 1 年的销售保护延长期，则第 1、2、3 款不适用。

第 37 条

若提交的上市许可注册申请针对依据第 141/2000 号 (EC) 法规之规定认定为孤儿药，且该申请中包括按照商定的儿科研究计划所开展的所有研究的结果，同时，随后获得的上市许可中包含本法规第 28 条第 (3) 款中所述之声明，则第 141/2000 号 (EC) 法规第 8 条第 (1) 款中所述之 10 年保护期应延长至 12 年。

若在完成商定的儿科研究计划后未能获得儿科适应证的许可，但在药品特性总结和相关药品包装说明书（如适当）中体现了所开展的研究的结果，则第 1 款之规定亦应适用。

第 38 条

1. 若依据第 726/2004 号 (EC) 法规第 5 条至第 15 条之规定授予儿科用药上市许可，则本法规第 14 条第 (11) 款中所述之数据和销售保护期适用。

2. 若依据第 2001/83 号 (EC) 指令中规定之程序授予儿科用药上市许可，则本指令第 10 条第 (1) 款中所述之数据和销售保护期适用。

第 39 条

1. 除第 36、37、38 条中规定之奖励和激励措施外，儿科用药还可获得由欧洲共同体或各成员国提供的奖励，以支持研究、开发和普及儿科用药。

2. 为支持儿科用药的研究、开发和普及，各成员国应于 2008 年 1 月 26 日之前向欧盟委员会传达关于其所颁布之任何措施的详细信息，并应根据欧盟委员会的请求定期更新此信息。

3. 欧盟委员会应于 2008 年 7 月 26 日之前对外公布由欧洲共同体和各成员国提供的所有奖励和激励措施的详细清单，以支持儿科用药的研究、开发和普及，并应定期更新此清单，同时还应对外公布更新的清单。

第 40 条

1. 欧洲共同体预算中应提供儿童用药的研究资金，以支持不受专利或补充保护证书保护的药品或活性成分相关的研究。

2. 第 1 款中提及之欧洲共同体资金应通过"欧洲共同体长期研究、技术进步及示范活动框架计划"或任何其他欧洲共同体的研究资助计划提供。

第六篇　沟通与协调

第 41 条

1. 依据第 2001/20 号 (EC) 指令第 11 条之规定建立的欧洲数据库中除包括本指令第 1 条和第 2 条中提及之临床试验外，还应包括在第三国开展的临床试验，在商定的儿科研究计划中均包含此类试验。在涉及第三国开展的此类临床试验的情况下，欧洲药品管理局下发之关于儿科研究计划决定的收件方应将本指令第 11 条中所列的详细信息录入数据库。

作为第 2001/20 号 (EC) 指令第 11 条之规定豁免的例外情况，欧洲药品管理局应对外公布欧洲数据库中录入的关于儿科临床试验的部分信息。

2. 欧洲药品管理局应将第 1 款中提及之所有试验的结果详情及按照第 45 条和第 46 条之规定提交至主管部门的任何其他试验结果对外公布，无论该试验是否已永久结束。临床试验的出资者、欧洲药品管理局下发之关于儿科研究计划决定接收方或上市许可持有人（如适当）应将这些结果提交至欧洲药品管理局，不得违误。

3. 欧盟委员会在与欧洲药品管理局、各成员国及利益相关方进行磋商后，应草拟一份指南，其中包括如何确定第 1 款中提及之录入欧洲数据库（依据第 2001/20 号 (EC) 指令第 11 条之规定建立）中的信息性质、在应用第 1 款之规定的过程中对外公布哪些信息、在应用第 2 款的过程中如何提交和对外公布临床试验结果，以及欧洲药品管理局在此方面应履行哪些职责和任务等。

第 42 条
各成员国应收集关于药品在儿童群体中使用情况的当前所有可用数据，并于 2009 年 1 月 26 日之前将这些数据发送至欧洲药品管理局。

儿科委员会应针对 2007 年 10 月 26 日之前收集的数据制定应遵循的内容和格式指南。

第 43 条
1. 儿科委员会应在与欧盟委员会、各成员国及利益相关方进行磋商后，基于第 42 条中所提及之信息，尤其为确定研究的优先顺序，创建一份治疗需求清单。

欧洲药品管理局最早应于 2009 年 1 月 26 日之前，最迟应于 2010 年 1 月 26 日之前对外公布此清单，并定期进行更新。

2. 在创建治疗需求清单的过程中，应考虑疾病在儿童群体中的患病率、所治疗之疾病的严重程度、儿童群体所患疾病之替代疗法的可用性和适用性，包括这些疗法的有效性和不良反应概况、包括任何独特的儿科安全问题，以及在第三国开展的研究所产生的全部数据。

第 44 条

1. 欧洲药品管理局应在儿科委员会提供的科学支持下，在针对儿童群体开展研究的过程中，建立一个由各国和欧洲地区的现有网络、掌握专业知识的研究人员及研究中心组成的欧洲网络。

2. 欧洲网络的目标尤其应包括协调与儿科药品相关的研究、增强欧洲层面必要的科学和行政管理能力，以及避免在儿童群体中开展不必要的重复性研究和测试。

3. 欧洲药品管理局管理委员会应基于局长提供的建议，在与欧盟委员会、各成员国及利益相关方进行磋商后，于 2008 年 1 月 26 日之前，采纳关于启动和运行欧洲网络的实施策略。在推行欧洲共同体研究、技术发展及示范活动框架计划的背景下，该网络应与加强欧洲研究区基础设施的工作相兼容（适当情况下）。

第 45 条

1. 对于在欧洲共同体内获得许可的药品，上市许可持有人应于 2008 年 1 月 26 日之前向主管部门提交任何在本法规生效日之前已完成的儿科研究结果，以供审评。

主管部门可对药品特性总结和包装说明书进行更新，并对上市许可进行相应调整。主管部门之间应就所提交的研究结果及其对相关上市许可所产生的影响（如适当）等信息进行交流。

欧洲药品管理局应负责协调信息的交流。

2. 当前开展的所有儿科研究（如第 1 款所述）及在本法规生效之前启动的所有儿科研究符合被纳入至儿科研究计划的条件，儿科委员会在对儿科研究计划、豁免及延期申请进行评估时及主管部门在对依据第 7 条、第 8 条或第 30 条之规定提交的注册申请进行评估时，均应将这些研究纳入考量。

3. 在不违反前述条款的情况下，在本法规生效之后，仅在完成商定的儿科研究计划中包含之重大研究的情况下，才可授予和执行第 36 条、第 37 条及第 38 条中所述之奖励和激励措施。

4. 为履行第 3 款之规定，欧盟委员会在与欧洲药品管理局进行磋商后，应草拟一份指南，以作为评估研究重要性的标准。

第 46 条

1. 对于由上市许可持有人出资的任何其他研究，若涉及上市许可中所涵盖之药品在儿童群体中的使用情况，无论是否按照商定的儿科研究计划开展，均应在相关研究完成后的 6 个月内，将研究结果提交至主管部门。

2. 若独立或非独立的上市许可持有人拟申请儿科适应证上市许可，则第 1 款应适用。

3. 主管部门可对药品特性总结和包装说明书进行更新，并对上市许可进行相应调整。

4. 主管部门之间应就所提交的研究结果及其对任何相关上市许可所产生的影响（如适当）等信息进行交流。

5. 欧洲药品管理局应负责协调信息的交流。

第七篇　总则与最终条款

第一章　总则

第一节　收费、欧洲共同体资助、处罚和报告

第 47 条

1. 若依据第 726/2004 号 (EC) 法规中规定之程序提交儿科用药上市许可注册申请，应依据第 726/2004 号 (EC) 法规第 70 条之规定对申请审查和上市许可维护的费用削减金额进行修改。

2. 欧盟理事会于 1995 年 2 月 10 日颁布的第 297/95 号 (EC) 法规中关于应向欧洲药品管理局缴纳之费用的规定适用。

3. 儿科委员会应免费提供下列审评服务：

(a) 豁免申请；

(b) 延期申请；

(c) 儿科研究计划；

(d) 确定是否符合商定的儿科研究计划。

第 48 条

第 726/2004 号 (EC) 法规第 67 条中所述之欧洲共同体的捐款应用于开展儿科委员会的工作（包括由专家提供的科学支持）和欧洲药品管理局的工作（包括儿科研究计划的审评）、提供科学建议及本法规所规定之任何费用的豁免，同时还应用于支持依据本法规第 41 条和第 44 条开展的欧洲药品管理局活动。

第 49 条

1. 在不违反《欧洲共同体特权与豁免权协议》的情况下，针对违反本法规条款或违反依据本法规采纳之执行措施（与依据第 2001/83 号 (EC) 指令中所述之程序获得许可的药品有关）的情况，各成员国应制定适用的处罚机制，同时，为贯彻落实这些处罚机制，还应采取必要的措施。

处罚应当有效、适度，且具有劝阻性。

各成员国最迟应于 2007 年 10 月 26 日之前，向欧盟委员会通知相关规定。若随后进行任何更改，也应尽快通知欧盟委员会。

2. 若因违反本法规而提起任何诉讼，各成员国应及时通知欧盟委员会。

3. 针对违反本法规条款或违反依据本法规采纳之执行措施（与依据第 726/2004 号 (EC) 法规中所述之程序获得许可的药品有关）

的情况，欧盟委员会将根据欧洲药品管理局提出的请求，施以经济处罚。

应依据第 51 条第 (2) 款中所述之监管审查程序，采纳关于对本法规中最高罚款金额及征收此类罚款的条件和方法等非必要元素进行修订或补充的措施。

4. 欧盟委员会应对外公布违反本法规条款或违反依据本法规采纳之执行措施的任意人的姓名及施以经济处罚的罚款金额和原因。

第 50 条

1. 欧盟委员会应基于欧洲管理局提交的报告（至少每年提交一次），对外公布受益于本法规所授予之任何奖励和激励措施的公司和药品名单，以及未履行本法规所赋予之义务的公司名单。

各成员国应向欧洲药品管理局提供此类信息。

2. 欧盟委员会应于 2013 年 1 月 26 日之前，向欧洲议会和欧盟理事会提交一份总体报告，以报告由于应用本法规而获得的经验。

报告中尤其应提供自本法规生效之日起获得儿科用药许可的所有药品。

3. 欧盟委员会应于 2017 年 1 月 26 日之前向欧洲议会和欧盟委员会提交一份报告，以报告由于应用第 36 条、第 37 条及第 38 条而获得的经验。为提出任何必要的修订，报告中应包括对奖励和激励措施所产生之经济影响的分析，以及本法规对公众健康所产生之预测性后果的分析。

4. 倘若有充分的数据可供完成全面的分析，则在履行第 2 款之规定的同时，亦需履行第 3 款之规定。

第二节　常务委员会

第 51 条

1. 欧盟委员会应在人用药品常务委员会（以下简称为"委员会"）的协助下开展工作，该委员会依据第 2001/83 号 (EC) 指令第 121 条之规定建立。

2. 鉴于第 8 条所述之条款，在涉及本款的情况下，第 1999/468 号 (EC) 决议第 5a 条第 (1) 款至第 (4) 款和第 7 条适用。

3. 该委员会应制定并采纳一套议事规则。

第二章　修订

第 52 条

兹对第 1768/92 号 (EEC) 法规作如下修订：

1) 将下列定义添加至第 1 条中：

"(e) '延期申请' 是指依据本法规第 13 条第 (3) 款及欧洲议会和欧盟理事会于 2006 年 12 月 12 日颁布的第 1901/2006 号 (EC) 法规第 36 条中关于儿科用药的规定，申请延长证书的有效期限。"»

2) 将下列条款添加至第 7 条中：

"3. 在提交证书申请或证书申请悬而未决时，可申请延长证书的有效期限，并应分别履行第 8 条第 (1) 款 (d) 点或第 8 条 (1a) 中适当的规定。

4. 应在授予的证书期满前 2 年提交证书有效期的延期申请。

5. 尽管有第 4 款之规定，但在第 1901/2006 号 (EC) 法规生效 5 年后，应在授予的证书期满前 6 个月提交证书有效期的延期申请。"；»

3) 对第 8 条作如下修订：

(a) 将下列各点添加至第 1 款中：

"(d) 若证书申请中包括延长有效期限的请求：

(i) 证明符合商定的儿科研究计划（如第 1901/2006 号 (EC) 法规第 36 条第 (1) 款所述）的声明副本；

(ii) 在必要情况下，除提供 (b) 点中所述之将药品投放市场的许可外，还需提供允许在所有其他成员国将药品投放市场的许可证明（如第 1901/2006 号 (EC) 法规第 36 条 (3) 款所述）。"；»

(b) 插入下列条款：

"1a. 若证书申请悬而未决，则依据第 7 条第 (3) 款之规定提交的延期申请中应包括第 1 款 (d) 点所提及之资料，以及已提交证书申请的证明。

1b. 在授予的证书有效期延期申请中应包括第 1 款 (d) 点提及之资料及已授予的证书副本。";»

(c) 下列条款将替代第 2 款：

"2. 各成员国可规定，在提交申请和证书有效期延期申请时支付应缴费用。";»

4) 对第 9 条作如下修订：

(a) 将下列各项添加至第 1 款中：

"应向相关成员国的主管部门提交证书有效期延期申请。";»

(b) 将下列各点添加至第 2 款中：

"(f) 在适当情况下，应提交申请中包括延期申请的证明。";»

(c) 插入下列条款：

"3. 在就授予的证书有效期延期申请或证书申请悬而未决的情况发出通知时，第 2 款适用。通知中还应额外包含证书延期申请的证明。";»

5) 将下列条款添加至第 10 条中：

"6. 第 1 款至第 4 款经修改后适用于延期申请。";»

6) 将下列条款添加至第 11 条中：

"3. 在就已获准延长证书的有效期或已拒绝延期申请的情况发出通知时，第 1 款和第 2 款适用。"; »

7) 将下列条款添加至第 13 条中：

"3. 在第 1901/2006 号 (EC) 法规第 36 条适用的情况下，第 1 款和第 2 款中规定的期限应延长 6 个月。在此情况下，本条第 1 款中规定的有效期限仅可延长一次。"; »

8) 插入下列条款：

"第 15a 条

撤销延期

1. 若准许延长有效期将与第 1901/2006 号 (EC) 法规第 36 条之规定相矛盾，则可予以撤销。

2. 任何人皆可依据国家法律中针对撤销相应基本专利的规定，向主管机构提交撤销有效期的延期申请。"; »

9) 对第 16 条作如下修订：

(a) 第 16 条的内容成为该条第 1 款；

(b) 增加下列条款：

"2. 若依据第 15a 条之规定撤销延期，则第 9 条第 (1) 款中所提及之主管部门应发布通知。"；»

10) 下列条款将替代第 17 条：

"第 17 条

申诉

可针对第 9 条第 (1) 款中所提及之主管部门或第 15 条第 (2) 款和第 15a 条第 (2) 款中所提及之机构依据本法规采纳的决定提起申诉，这与国家法律允许就国家专利做出的类似决定提起申诉相一致。"。»

第 53 条

在第 2001/20 号 (EC) 指令第 11 条中增加下列条款：

"4. 作为第 1 款豁免的例外情况，欧洲药品管理局应依据欧洲议会和欧盟理事会于 2006 年 12 月 12 日颁布的第 1901/2006 号 (EC) 法规中关于儿科用药的规定，对外公布欧洲数据库中录入之儿科临床试验的部分信息。"»

第 54 条

在第 2001/83 号 (EC) 指令第 6 条中，下列条款将替代第 1 款第 1 项：

"1. 除非依据本法令之规定获得某成员国颁发的上市许可或依据第 726/2004 号 (EC) 法规之规定（结合欧洲议会和欧盟理事会于 2006 年 12 月 12 日颁布的第 1901/2006 号 (EC) 法规中关于儿科用药的规定）获得许可，否则不得在该成员国将药品投放市场。"»

第 55 条

兹对第 726/2004 号 (EC) 法规作如下修订：

1) 下列条款将替代第 56 条第 (1) 款：

"1. 欧洲药品管理局应包括：

(a) 人用药品委员会，负责针对涉及人用药品评估的任何问题代表欧洲药品管理局编写意见书；

(b) 兽用药品委员会，负责针对涉及兽用药品评估的任何问题代表欧洲药品管理局编写意见书；

(c) 孤儿药委员会；

(d) 草药委员会；

(e) 儿科委员会；

(f) 秘书处，负责为各委员会提供技术、科学及行政管理支持，并确保在各委员会之间执行适当的协调；

(g) 局长，负责履行第 64 条中规定的职责；

(h) 管理委员会，负责履行第 65、66、67 条中规定的职责。"；»

2) 将下点添加至第 57 条第 (1) 款中：

"(t) 依据欧洲议会和欧盟理事会于 2006 年 12 月 12 日颁布的第
1901/2006 号 (EC) 法规第 7 条第 (1) 款中关于儿科用药的规定做出
决定。"»

3) 插入下列条款：

"第 73a 条

在《公约》第 230 条所述之条件下，如对欧洲药品管理局依据第
1901/2006 号 (EC) 法规采纳的决定持有异议，可向欧洲共同体法
院提起诉讼。"。»

第三章　最终条款

第 56 条
第 7 条第 (1) 款中所述之规定不适用于在本法规生效之时悬而未
决的有效申请。

第 57 条
1. 本法规应自《欧盟官方期刊》发布之日起的第 30 天开始生效。

2. 第 7 条应自 2008 年 7 月 26 日起适用。

第 8 条应自 2009 年 1 月 26 日起适用。

第 30 条和第 31 条应自 2007 年 7 月 26 日起适用。

本法规作为一个整体应具有约束力,并可直接适用于所有成员国。

第四编 │ 第 1394/2007 号（EC）法规——前沿疗法

欧洲议会和欧盟理事会于 2007 年 12 月 13 日颁布的关于前沿治疗药品的第 1394/2007 号 (EC) 法规，对第 2001/83 号 (EC) 指令和第 726/2004 号 (EC) 法规修订

（与欧洲经济区 (EEA) 相关的内容）

欧洲议会和欧盟理事会，

鉴于建立欧洲共同体《公约》，尤其是其中第 95 条之规定，

鉴于欧盟委员会提出的建议，

鉴于欧洲经济和社会委员会提出的意见，

在与各地区委员会进行磋商后，

依据《公约》第 251 条中规定的程序采取行动，

鉴于：

(1) 细胞和分子生物技术领域取得的全新科学进展推动了前沿疗法的发展，如基因治疗、体细胞治疗及组织工程学治疗。这一新兴的生物医学领域为疾病的治疗和人体功能障碍的治疗带来了新的机遇。

(2) 目前，前沿治疗药品已展现出具有治疗或预防人类疾病的特性，或主要通过发挥其在药理学、免疫学、代谢方面的作用，用于恢复、纠正或改变生理机能，此类药品属于生物制品，请参见欧洲议会和欧盟理事会于 2001 年 11 月 6 日颁布的第 2001/83 号 (EC) 指令（与人用药品相关的欧洲共同体规范）附件 I 中包含的定义，并结合阅读第 1 条第 (2) 款中关于药品的定义。因此，管理此类药品的生产、销售及使用的任何规定必须以保障公众健康为基本目标。

(3) 为清楚起见，复杂疗法药品需要精确的法律定义。第 2001/83 号 (EC) 指令附件 I 中对基因治疗药品和体细胞治疗药品进行了定义，但关于组织工程药品的合法定义仍有待确定。若药品以活细胞或组织为基础，则应将其在药理学、免疫学或代谢方面的作用视为主要作用模式。同时还应明确，不符合药品定义的产品不能被定义为前沿治疗药品（例如仅由主要通过物理手段起作用的非活性材料制成的药品）。

(4) 依据第 2001/83 号 (EC) 指令和医疗器械指令之规定，何种监管制度适用于药品与医疗器械组合后的复合产品取决于该复合产品的主要作用模式。然而，在确定含有活细胞或组织的前沿复合治疗药品的复杂程度时需要采用特殊方法。对于此类产品而言，无论医疗器械的作用如何，这些细胞或组织在药理学、免疫学或代谢方面的作用均应被视为此类复合产品的主要作用模式。此类复合产品应始终受本法规管辖。

(5) 由于前沿治疗药品具有新颖性、复杂性及技术特殊性，因此，为确保此类药品在欧洲共同体境内的自由流通及生物技术领域内部市场的有效运营，需要出台针对具体情况量身定制的、协调统一的规则。

(6) 本法规为一部特别法，其向第 2001/83 号 (EC) 指令的条款中新增了其他条款。依据第 2001/83 号 (EC) 指令第二篇中关于欧洲共同体医药立法的一般适用范围规定，本法规的适用范围应为管辖拟在各成员国市场投放的、采用工业方法制备或采用工业工艺方法制造的前沿治疗药品。为满足针对个别患者的特制产品之独特医疗处方的要求，对于依据特殊质量标准制备且在同一成员国的医院内由履行专门职业职责的医疗执业人员使用的非常规前沿治疗药品，不在本法规适用范围之内，但应确保其遵守欧洲共同体药品质量与安全方面的相关规定。

(7) 欧洲共同体层面关于前沿治疗药品的法规不应干涉各成员国关于是否允许使用特殊类型的人类（如胚胎干细胞）或动物细胞的决定。同时，在履行关于禁止或限制销售、供应或使用含有或源于此类细胞之药品的国家立法时亦不应受此影响。

(8) 本法规尊重和遵守《欧洲联盟基本权利宪章》中规定的基本权利和原则，同时还应考虑"欧洲人权和人类尊严保护公约理事会"就《生物与医学应用：人权与生物医学公约》方面提出的建议。

(9) 目前在欧洲共同体层面管理的所有其他现代生物技术药品均已

被纳入集中审批程序，其中包括关于药品质量、安全性及有效性的单一科学评估，此项评估由欧洲药品管理局依照最高标准执行。欧洲药品管理局（简称为"管理局"）依据欧洲议会和欧盟理事会于 2004 年 3 月 31 日颁布的第 726/2004 号 (EC) 法规成立，该法规规定了欧洲共同体针对人用和兽用药品授予许可和执行监管的程序。为克服专业知识在欧洲共同体境内的稀缺性、确保在欧洲共同体境内对此类药品执行高标准的科学评估、在评估过程中保护患者和医疗保健专业人士的机密身份信息，以及促成此类创新技术进军欧洲共同体市场，该程序对于前沿治疗药品也具有强制性。

(10) 前沿治疗药品的评估通常需要具备超出传统制药领域并涵盖跨行业领域的、非常专业的技术知识，例如生物技术和医疗器械等。鉴于此，有必要在欧洲药品管理局内部建立前沿疗法委员会，主要负责草拟关于每种前沿治疗药品的质量、安全性及有效性的意见书，并递交至欧洲药品管理局人用药品委员会，提请审批。此外，若在评估任何其他药品时需要具体的专业知识，且在前沿疗法的权限范围内，也应与该委员会进行磋商。

(11) 前沿疗法委员会应在欧洲共同体境内收集关于前沿治疗药品最为可靠的专业知识。前沿疗法委员会的组成应确保适当涵盖与前沿疗法相关的科学领域，包括基因治疗、细胞治疗、组织工程、医疗器械、药物警戒及伦理学等。同时，该委员会中还应包括来自患者协会及在前沿治疗药品方面具有丰富科学经验的临床医生代表。

(12) 为确保该系统在科学问题上的一致性和高效性，欧洲药品管理局应确保前沿疗法委员会与其他委员会、顾问小组及工作组之间的协调，尤其是与人用药品委员会、孤儿药委员会及科学顾问工作组之间保持协调。

(13) 前沿治疗药品应遵循与其他类型生物技术药品相同的监管原则。然而，对其的技术要求可能是高度特异性的，尤其对证明药品质量、安全性及有效性所必需的质量数据、临床前数据及临床数据的类型和数量的要求更是如此。尽管已在第 2001/83 号 (EC) 指令附件 I 中针对基因治疗药品和体细胞治疗药品制定了相关技术要求，但仍需针对组织工程药品确立技术要求。为此，应建立一套足够灵活的程序以便能够轻松适应科学技术的快速发展。

(14) 在欧洲议会和欧盟理事会颁布的第 2004/23 号 (EC) 指令中，针对人体组织和细胞的捐献、采集、检测、处理、保存及分配制定了质量和安全标准。本法规不应损害第 2004/23 号 (EC) 指令中所述之基本原则，而应通过增加其他要求作为对其的合理补充（如适当）。若前沿治疗药品中含有人类细胞或组织，则仅在涉及捐献、采集及检测时，第 2004/23 号 (EC) 指令方适用，因为本法规中已涵盖了其他方面。

(15) 至于人类细胞或组织的捐献，诸如保证捐献者和接受者的匿名权、捐献者发扬无私奉献精神及捐献者与接受者之间发扬团结精神等原则均应得到尊重。作为原则问题，应通过志愿和无偿捐献的形式采集前沿治疗药品中包含的人类细胞或组织。应敦促各成员国采取一切必要措施，鼓励广大公众和非营利性部门积极参与人类细胞或组织的采集，因为志愿和无偿形式的细胞和组织捐献有助于执行更高的细胞和组织安全标准，进而能够保护公众健康。

(16) 应依据欧洲议会和欧盟理事会于 2001 年 4 月 4 日颁布的第 2001/20 号 (EC) 指令（各成员国出台的相似法律、法规及行政规定，要求在开展关于人用药品的临床试验过程中实施良好临床规范）中所述之总体原则和伦理要求开展关于前沿治疗药品的临床试验。在为充分考虑前沿治疗药品的具体技术特点而专门出台的各种规定中，应采纳欧盟委员会于 2005 年 4 月 8 日颁布的第 2005/28 号 (EC) 指令中所述之关于试验用人用药品的良好临床规范原则和详细指南及关于获取此类药品的生产或进口许可要求。

(17) 前沿治疗药品的制造应遵守良好生产规范中的原则，如欧盟委员会于 2003 年 10 月 8 日颁布的第 2003/94 号 (EC) 指令中所述，该指令针对人用药品和试验用人用药品制定了关于良好生产规范的原则和指南，在必要情况下，为反映此类药品的特殊性质，可予以采纳。此外，应针对前沿治疗药品草拟相关指南，从而适当反映此类药品生产过程的特殊性质。

(18) 前沿治疗药品可能包含医疗器械或有源植入式医疗器械。为确保达到适当的质量和安全水平，此类器械应分别满足欧盟理事会于 1993 年 6 月 14 日颁布的关于医疗器械的第 93/42 号 (EEC) 指令和欧盟理事会于 1990 年 6 月 20 日颁布的第 90/385 号 (EEC) 指令（关于各成员国出台的有关有源植入式医疗器械的类似法律）中规定的基本要求。在依据本法规执行的复合前沿治疗药品评估中，欧洲药品管理局应对公告机构依据上述指令发布的医疗器械部件或有源植入式医疗器械部件的评估结果进行确认。

(19) 应通过制定关于前沿治疗药品的具体规定，在前沿治疗药品的技术规范中采纳第 2001/83 号 (EC) 指令中关于药品特性总结、标签和包装说明书的要求。这些规定应完全符合患者对于前沿治疗药品的制备中所使用之任何细胞或组织来源的知情权，同时尊重患者的匿名权。

(20) 对药品疗效和不良反应的跟进是前沿治疗药品法规中的重要部分。因此，申请者应在上市许可注册申请中详述其是否拟采取某些措施，以确保此类跟进。若确定采取，则应阐述具体的措施内容。出于保护公众健康的合理理由，上市许可持有人还需落实适当的风险管理系统，以应对因前沿治疗药品所产生的风险。

(21) 为执行本法规，欧洲药品管理局或欧盟委员会需要制定一系列指南草案。为确保汇集该领域有限的专业知识和确保均衡性，应与所有利益相关方进行公开磋商，尤其要与各成员国主管部门和行业协会进行磋商。应尽快在本法规生效后一年内及在应用本法规之日前，制定关于良好临床规范和良好生产规范的指南。

(22) 患者、药品及其起始原料的可追溯系统对于监控前沿治疗药品的安全性必不可少。在建立和维护该系统时，应确保符合和兼容第 2004/23 号 (EC) 指令中针对人体组织和细胞制定的可追溯性要求及欧洲议会和欧盟理事会于 2003 年 1 月 27 日颁布的第 2002/98 号 (EC) 指令中的可追溯性要求，该指令设定了关于收集、检测、处理、存储及分配人类血液和血液成分的质量和安全标准。可追溯系统还应尊重欧洲议会和欧盟理事会于 1995 年 10 月 24 日颁布的第 95/46 号 (EC) 指令中关于在处理个人数据和此类数据自由流通的过程中保护个人隐私的条款。

(23) 随着该领域的科技飞速发展，从事前沿治疗药品研发的企业应能够向欧洲药品管理局征求科学建议，包括关于获得许可后所开展之活动的建议。作为激励措施，中小型企业可按最低费率支付征求此类科学建议的费用，而其他申请者则可获得费用减免。

(24) 为尽早解决随着科学发展可能出现的跨其他领域的问题（例如化妆品或医疗器械领域），应授权欧洲药品管理局就基于基因、细胞或组织的特定药品是否符合前沿治疗药品的科学标准等问题提供科学建议。前沿疗法委员会应利用其独有的专业知识，在提供此类建议的过程中发挥主要作用。

(25) 通常情况下，应由中小型企业开展必要的研究，以证明前沿治疗药品的质量和非临床安全性。作为对开展此类研究的激励措施，欧洲药品管理局应针对由此获得的数据建立评估和认证系统，该系统不依附于任何上市许可注册申请程序。尽管认证不具有法律约束力，但该系统还应致力于促进对未来临床试验申请和基于相同数据的上市许可申请进行评估。

(26) 鉴于科技的快速发展，应授权欧盟委员会针对前沿治疗药品上市许可注册申请的技术要求、药品特性总结、标签及包装说明书等方面推行任何必要的变革。欧盟委员会应确保向利益相关方提供关于拟定之措施的信息，不得违误。

(27) 在积累一定经验后，为报告本法规的实施情况，应制定相关规定，尤其要着眼于获得许可的各类前沿治疗药品制定相关规定。

(28) 已将药品医疗器械科学委员会和欧洲科学与新技术伦理小组对组织工程学治疗的意见，以及此领域的国际经验考虑在内。

(29) 应依据欧盟理事会于 1999 年 6 月 28 日颁布的第 1999/468 号 (EC) 决议采纳实施本法规所必需采取的措施，该决议中规定了欧盟委员会行使所赋予之权力应履行的程序。

(30) 特别是，应授权欧盟委员会采纳对本法规附件Ⅰ至附件Ⅳ及第 2001/83 号 (EC) 指令附件Ⅰ的修订。由于这些措施属于一般范畴且旨在对本法规及第 2001/83 号 (EC) 指令中的非必要元素进行修订，因此，必须依据第 1999/468 号 (EC) 决议第 5a 条所述之监管审查程序采纳这些措施。这些措施对整个监管框架的适当运行必不可少，因此，应尽快采纳。

(31) 应对第 2001/83 号 (EC) 指令和第 726/2004 号 (EC) 法规进行相应修订。

已采纳本法规：

第一章   主题与定义

第 1 条   主题

本法规针对前沿治疗药品的许可、监管及药物警戒制定了具体规定。

第 2 条   定义

1. 对于本法规而言，除第 2001/83 号 (EC) 指令第 1 条，第 2004/23 号 (EC) 指令第 3 条 (a) 点至 (l) 点和 (o) 点至 (q) 点中所述之定义外，下列定义亦适用：

(a)"前沿治疗药品"指下列任何人用药品：

基因治疗药品，如第 2001/83 号 (EC) 指令附件Ⅰ第 4 部分中所定义，

体细胞治疗药品，如第 2001/83 号 (EC) 指令附件 I 第 4 部分中所定义，

组织工程药品，如 (b) 点中所定义。

(b)"组织工程药品"指：

含有或包含工程细胞或组织的药品，表现为具有相关属性，供人体使用或服用，旨在促进人体组织再生、修复或替代人体组织。

●组织工程药品可能含有源于人类或动物或二者兼有的细胞或组织。含有的细胞或组织可能是成活或非成活细胞或组织。同时，还可能含有其他成分，如细胞制品、生物分子、生物材料、化学物质、支架材料或基质。

●此定义中不包括仅含有非成活人类或动物细胞和 / 或组织、不含有任何成活细胞或组织且并非通过药理学、免疫学或代谢方面的作用发挥主要功效的药品。

(c) 若满足下列任意一个条件，则应将细胞或组织视为"工程细胞或组织"：

●目前已将细胞或组织用于实质性操作阶段，因此对于促进人体组织再生、修复或替代人体组织的预期用途，已实现细胞或组织的相关生物特点、生理功能或结构特性。但某些操作，尤其是附件 I 中所列的操作，不应被视为实质性操作，

●细胞或组织并非用于恢复相同的基本功能或在受体体内实现与

在供体体内相同的功能。

(d)"复合前沿治疗药品"指符合下列条件的前沿治疗药品：

● 作为药品不可或缺的一部分, 必须包含一种或多种医疗器械（请参见第 93/42 号 (EEC) 指令第 1 条第 (2) 款 (a) 点所述之含义）, 或包含一种或多种有源植入式医疗器械（请参见第 90/385 号 (EEC) 指令第 1 条第 (2) 款 (c) 点所述之含义）, 以及

● 细胞或组织部分中必须包含成活细胞或组织, 或

●（含有非成活细胞或组织的）细胞或组织部分必须易于作用于人体, 其作用可被视为所提及之医疗器械的主要作用。

2. 若药品中含有成活细胞或组织, 则这些细胞或组织在药理学、免疫学或代谢方面的作用应被视为该药品的主要作用模式。

3. 同时含有自体（由患者自身产生）和异体（来自其他人体）细胞或组织的前沿治疗药品应被视为异体用药品。

4. 同时符合组织工程药品定义和体细胞治疗药品定义的药品应被视为组织工程药品。

5. 符合下列定义的药品：

● 体细胞治疗药品或组织工程药品定义, 以及

● 基因治疗药品定义,

应被视为基因治疗药品。

第二章　上市许可申请要求

第 3 条　捐献、采集及检测

若前沿治疗药品含有人类细胞或组织,则应依据第 2004/23 号 (EC) 指令之规定执行此类细胞或组织的捐献、采集及检测。

第 4 条　临床试验

1. 第 2001/20 号 (EC) 指令第 6 条第 (7) 款、第 9 条第 (4) 款和第 (6) 款中针对基因治疗和体细胞治疗药品的规定应适用于组织工程药品。

2. 欧盟委员会在与欧洲药品管理局进行磋商后,应草拟一份专门针对前沿治疗药品的良好临床规范详细指南。

第 5 条　良好生产规范

欧盟委员会在与欧洲药品管理局进行磋商后,应草拟一份专门针对前沿治疗药品且符合良好生产规范中相关原则的指南。

第 6 条　针对医疗器械的问题

1. 复合前沿治疗药品中包含的医疗器械应符合第 93/42 号 (EEC) 指令附件 I 中所述之基本要求。

2. 复合前沿治疗药品中包含的有源植入式医疗器械应符合第 90/385 号 (EEC) 指令附件 1 中所述之基本要求。

第 7 条　针对包含医疗器械的前沿治疗药品的特殊要求

依据第 2001/83 号 (EC) 指令附件 I 中所述之规定，除满足第 726/2004 号 (EC) 法规第 6 条第 (1) 款中所述之要求外，包含医疗器械、生物材料、支架材料或基质的前沿治疗药品的上市申请中应提供关于物理特性、药品性能以及产品设计方法的描述。

第三章　上市许可申请程序

第 8 条　评估程序

1. 人用药品委员会应与前沿疗法委员会就前沿治疗药品所必需执行的任何科学评估进行磋商，以草拟第 726/2004 号 (EC) 法规第 5 条第 (2) 款和第 (3) 款中所述之科学意见书。依据第 726/2004 号 (EC) 法规第 9 条第 (2) 款之规定，在对此意见书进行重审时，亦应与前沿疗法委员会进行磋商。

2. 在编制意见草案以提请人用药品委员会审批时，前沿疗法委员会应努力达成科学共识。如果无法达成共识，则意见书中应采纳多数委员的立场。意见草案中应提及不同的立场并提供所依据的理由。

3. 应及时将由前沿疗法委员会依据第 1 款提交的意见草案寄送给人用药品委员会主席，从而确保满足第 726/2004 号 (EC) 法规第 6 条第 (3) 款或第 9 条第 (2) 款中规定之最终期限。

4. 若由人用药品委员会依据第 726/2004 号 (EC) 法规第 5 条第 (2) 款和第 (3) 款之规定起草的关于前沿治疗药品的科学意见书与前沿疗法委员会的意见草案存在分歧，则人用药品委员会应针对所持分歧在其意见书后随附详细的科学理由说明。

5. 欧洲药品管理局应针对第 1 至第 4 款的应用草拟具体的程序。

第 9 条　复合前沿治疗药品

1. 若涉及复合前沿治疗药品，则整套产品应接受欧洲药品管理局的最终评估。

2. 复合前沿治疗药品上市许可注册申请中应包括其符合第 6 条中所述之基本要求的证明。

3. 在适用情况下，复合前沿治疗药品上市许可注册申请中应包括由公告机构依据第 93/42 号 (EEC) 指令或第 90/385 号 (EEC) 指令发布的关于医疗器械部件或有源植入式医疗器械的评估结果。欧洲药品管理局应在对相关药品进行评估的过程中，对这些评估结果进行确认。

欧洲药品管理局可请求相关公告机构传送与这些评估结果相关的任何信息。公告机构应在 1 个月内完成信息的传送。

如果注册申请中未包括这些评估结果，那么除非前沿疗法委员会在医疗器械专家的建议下决定无需公告机构参与其中，否则欧洲药品管理局应向公告机构征求关于医疗器械部件是否符合第 93/42 号 (EEC) 指令附件 I 或第 90/385 号 (EEC) 指令附件 I 的意见，并与申请者共同确认。

第四章　药品特性总结、标签及包装说明书

第 10 条　药品特性总结

作为第 2001/83 号 (EC) 指令第 11 条豁免的例外情况，前沿治疗药

品的药品特性总结应按指示顺序包含本法规附件 II 中所列之信息。

第 11 条　外部包装 / 内部包装的标签

作为第 2001/83 号 (EC) 指令第 54 条和第 55 条第 (1) 款豁免的例外情况，在前沿治疗药品的外包装上应显示本法规附件 III 中所列之资料，若无外包装，则可在内部包装上显示。

第 12 条　特殊内部包装

除第 2001/83 号 (EC) 指令第 55 条第 (2) 款和第 (3) 款中提及之资料外，下列资料亦需在前沿治疗药品的内部包装上显示：

(a) 唯一的捐献和药品代码，如第 2004/23 号 (EC) 指令第 8 条第 (2) 款中所述；

(b) 在前沿治疗药品供自体用的情况下，唯一的患者识别号和"仅供自体使用"的声明。

第 13 条　包装说明书

1. 作为第 2001/83 号 (EC) 指令第 59 条第 (1) 款豁免的例外情况，应依据药品特性总结起草前沿治疗药品的包装说明书，且其中应按所指示之顺序包含本法规附件 IV 中所列之信息。

2. 包装说明书中应反映与目标患者群体的协商结果，以确保包装说明书易读、清晰、易用。

第五章　上市后的要求

第 14 条　授予许可后对药品有效性和不良反应及风险
管理系统的跟进

1. 除第 726/2004 号 (EC) 法规第 21 条至第 29 条中所述之药物警戒要求外，申请者应在上市许可注册申请中详述拟采取的措施，以确保对前沿治疗药品的有效性和不良反应进行跟进。

2. 若有需要特别值得关注的问题，欧盟委员会应基于欧洲药品管理局的建议，要求建立风险管理系统（作为上市许可的一部分），旨在发现、描述、防止或最大限度地减少与前沿治疗药品相关的风险，包括对该系统的有效性进行评估，或要求上市许可持有人执行特定的上市后研究，并将研究结果交由欧洲药品管理局进行审查。此外，欧洲药品管理局可要求提交关于任何风险管理系统有效性的其他评估报告和开展的任何此类研究之结果。

在第 726/2004 号 (EC) 法规第 24 条第 (3) 款中所提及之定期安全更新报告中，应包括任何风险管理系统有效性的评估报告和开展的任何研究的结果。

3. 若欧洲药品管理局发现上市许可持有人未能履行第 2 款中所述之要求，则应及时通知欧盟委员会。

4. 欧洲药品管理局应草拟一份关于应用第 1 款、第 2 款及第 3 款之规定的详细指南。

5. 若复合前沿治疗药品引起严重的不良反应事件，欧洲药品管理局应通知负责实施第 90/385 号 (EEC) 指令、第 93/42 号 (EEC) 指令及第 2004/23 号 (EC) 指令的相关国家主管部门。

第 15 条　可追溯性

1. 前沿治疗药品上市许可持有人应建立一套可追溯系统并进行维护，以确保追溯单个药品及其起始原料和原材料（包括含有的与细胞或组织接触的所有成分）从采购、生产、包装、存储、运输到交付至使用该药品的医院、医疗机构或私人医疗执业机构的整个过程。

2. 使用前沿治疗药品的医院、医疗机构或私人医疗执业机构应建立一套针对患者和药品的可追溯系统。该系统应包含充分的详细信息，从而能够将每种药品与服用该药品的患者联系起来，反之亦然。

3. 若前沿治疗药品包含人类细胞或组织，则上市许可持有人及使用该药品的医院、医疗机构或私人医疗执业机构应确保依据本条第 1 款和第 2 款建立的可追溯系统与第 2004/23 号 (EC) 指令第 8 条和第 14 条中针对人类细胞和组织（而非血液细胞）的要求及第 2002/98 号 (EC) 指令第 14 条和第 24 条中针对人类血液细胞的要求相互补充和兼容。

4. 上市许可持有人应在药品许可期满后将第 1 款中所述之数据保存至少 30 年,若欧盟委员会要求并将此作为授予上市许可的条件,则需保存更长时间。

5. 一旦上市许可持有人破产或进入清算程序，且未将上市许可转让给其他合法实体，则应将第 1 款中所述之数据转交给欧洲药品管理局。

6. 在中止、撤回或撤销上市许可的情况下，上市许可持有人仍需履行第 1 款、第 3 款及第 4 款中所述之义务。

7. 欧盟委员会应草拟一份关于应用第 1 款至第 6 款之规定的详细指南，尤其是与第 1 款中所述之数据类型和数量相关的指南。

第六章 激励措施

第 16 条 科学建议

1. 申请者或上市许可持有人可向欧洲药品管理局征求关于药物警戒系统和风险管理系统（如第 14 条中所述）的设计和执行方面的建议。

2. 作为欧盟理事会于 1995 年 2 月 10 日颁布的第 297/95 号 (EC) 法规第 8 条第 (1) 款中关于应向欧洲药品评价局支付之费用的规定所豁免的例外情况，针对欧洲药品管理局依据第 726/2004 号 (EC) 法规第 57 条第 (1) 款 (n) 点之规定所提供的关于前沿治疗药品的任何建议而应收取之科学建议费用，中小型企业可获得 90% 的减免，其他申请者可获得 65% 的减免。

第 17 条 关于前沿疗法分类的科学建议

1. 对于从事基因、细胞或组织工程药品研发的任何申请者，为确定相关药品是否符合前沿治疗药品的定义，可出于科学理由向欧洲药品管理局征求科学建议。欧洲药品管理局应在与欧盟委员会磋商后，自收到请求之日起 60 日内提出建议。

2. 欧洲药品管理局应在删除具有商业机密性质的所有信息后，发布依据第 1 款之规定所提出之建议的总结。

第 18 条　质量数据和非临床数据的认证

依据第 2001/83 号 (EC) 指令附件 I 第 3 单元和第 4 单元之规定，从事前沿治疗药品研发的中小型企业可向欧洲药品管理局提交所有相关的质量数据和非临床数据（如适当），供科学评估和认证。

欧盟委员会应依据第 26 条第 (2) 款中所述之监管程序，针对此类数据的评估和认证制定相关规定。

第 19 条　上市许可申请费用的减免

1. 作为第 297/95 号 (EC) 法规豁免的例外情况，若申请者为医院或中小型企业，且能够证明相关前沿治疗药品事关欧洲共同体内的特定公共健康利益，则上市许可收费可减免 50%。

2. 在授予前沿治疗药品上市许可后的第一年，由欧洲药品管理局针对上市后所开展的活动征收的费用，第 1 款之规定亦适用。

3. 在第 29 条所规定之过渡期内，第 1 款和第 2 款均适用。

第七章　前沿疗法委员会

第 20 条　前沿疗法委员会

1. 应在欧洲药品管理局内建立前沿疗法委员会。

2. 除非本法规中另有规定，否则第 726/2004 号 (EC) 法规应适用于前沿疗法委员会。

3. 欧洲药品管理局局长应确保在前沿疗法委员会与欧洲药品管理局的其他委员会（尤其是与人用药品委员会、药物警戒风险评估委员会、孤儿药委员会及其工作组、任何其他科学顾问小组）之间执行适当的协调。

第 21 条　前沿疗法委员会的组成

1. 前沿疗法委员会应由下列委员组成：

(a) 人用药品委员会的五名委员或增选委员，他们分别来自五个成员国，候补委员可由各自成员国提名，或在人用药品委员会指派增选委员的情况下，可由人用药品委员会基于相应增选委员的建议指定。五名委员及其候补委员均应由人用药品委员会任命；

(b) 若成员国的国家主管部门并非由人用药品委员会任命的委员和候选委员担任代表，则此类成员国可各任命一名委员和一名候补委员；

(c) 为选拔代表临床医生的委员，欧盟委员会在与欧洲议会进行磋商后，将基于公众呼吁完成的利益声明任命两名委员和两名候补委员；

(d) 为选拔代表患者协会的委员，欧盟委员会在与欧洲议会进行磋商后，将基于公众呼吁完成的利益声明任命两名委员和两名候补委员；

候补委员可代表缺席委员行使表决权。

2. 前沿疗法委员会应根据候选委员在前沿治疗药品方面所具有的科学资质或经验选拔所有委员。就第 1 款 (b) 点而言，各成员国应在欧洲药品管理局局长的协调下相互合作，以确保前沿疗法的最终组成适当且均衡覆盖与前沿疗法相关的科学领域，包括医疗器械、组织工程、基因治疗、细胞治疗、生物技术、外科、药物警戒、风险管理及伦理等。

在前沿疗法委员会中，应至少有两名委员和两名候补委员掌握医疗器械方面的科学知识。

3. 前沿疗法委员会委员的任期为 3 年，可连任。在前沿疗法委员会举行的会议上，各位委员可在专家的陪同下与会。

4. 前沿疗法委员会应从委员中选出主席，任期 3 年，可连任一次。

5. 欧洲药品管理局应公布所有委员的姓名和科学资质，尤其要在欧洲药品管理局的网站上公布。

第 22 条　利益冲突

除第 726/2004 号 (EC) 法规第 63 条中所述之要求外，前沿疗法委员会委员和候补委员不得在生物技术行业和医疗器械行业有任何经济利益或其他利益，因为这样会影响他们的公正性。同时，应将与此类行业相关的所有间接利益录入至第 726/2004 号 (EC) 法规第 63 条第 (2) 款中所述之注册系统中。

第 23 条　前沿疗法委员会的任务

前沿疗法委员会的主要任务如下：

(a) 编制关于前沿治疗药品的质量、安全性及有效性的意见草案，然后交由人用药品委员会进行最终审批，同时就此类药品研发过程中所产生的任何数据向后者提供建议；

(b) 依据第 17 条之规定，就某种药品是否符合前沿治疗药品的定义提供建议；

(c) 应人用药品委员会的要求，针对任何药品提供建议，因为为评估药品的质量、安全性或有效性，可能需要利用第 21 条第 (2) 款中所述之科学领域的专业知识；

(d) 应欧洲药品管理局局长或欧盟委员会的要求，针对与前沿治疗药品相关的任何问题提供建议；

(e) 以科学方式协助编制与完成本法规中所设定之目标相关的任何文件；

(f) 应欧盟委员会的要求，针对与创新药和创新疗法研发（需要利用第 21 条第 (2) 款中所述之其中一个科学领域的专业知识）相关之任何欧洲共同体计划提供科学知识和建议；

(g) 针对本法规第 16 条和第 726/2004 号 (EC) 法规第 57 条第 (1) 款 (n) 点中所述之科学建议程序提供建议。

第八章　总则与最终条款

第 24 条　附件的修订

在与欧洲药品管理局进行磋商后，欧盟委员会应依据第 26 条第 (3) 款中所述之监管审查程序对附件 I 至附件 IV 进行修订，以便跟上科学技术的发展。

第 25 条　报告和审查

在 2012 年 12 月 30 日之前，欧盟委员会应发布一份关于本法规应用情况的总体报告，其中应包括依据本法规获得许可的不同类型前沿治疗药品的综合性信息。

在该报告中，欧盟委员会应评估技术进步对履行本法规所产生的影响。同时，还应审查本法规的适用范围，尤其应包括针对复合前沿治疗药品的监管框架。

第 26 条　委员会程序

1. 欧盟委员会应在人用药品常务委员会（依据第 2001/83 号 (EC) 指令第 121 条第 (1) 款之规定建立）的协助下开展工作。

2. 鉴于第 8 条所述之条款，在涉及本款的情况下，第 1999/468 号 (EC) 决议第 5 条和第 7 条适用。

第 1999/468 号 (EC) 决议第 5 条第 (6) 款中规定的期限应为 3 个月。

3. 鉴于第 8 条所述之条款，在涉及本款的情况下，第 1999/468 号 (EC) 决议第 5a 条第 (1) 款至第 (4) 款和第 7 条适用。

第 27 条　对第 726/2004 号 (EC) 法规的修订

兹对第 726/2004 号 (EC) 法规作如下修订：

1. 将第 13 条第 (1) 款第 1 项的第一句话替换为下列内容：

"在不违反第 2001/83 号 (EC) 指令第 4 条第 (4) 款和第 (5) 款之规定的情况下，依据本法规授予的上市许可应在欧洲共同体范围内

有效。";»

2. 对第 56 条作如下修订：

(a) 将下列各点插入第 1 款中：

"(da) 前沿疗法委员会；"»

(b) 将第 2 款第 1 项第一句话中的"第 1 款 (a) 点至 (d) 点"替换为"第 1 款 (a) 点至 (da) 点"；

3. 对附件作如下修订：

(a) 插入下列点：

"1a. 前沿治疗药品，如欧洲议会和欧盟理事会于 2007 年 11 月 13 日颁布的第 1394/2007 号 (EC) 法规第 2 条中关于前沿治疗药品的定义所述。"»

(b) 将第 3 点中的第 2 项替换为下列内容：

"2008 年 5 月 20 日后，欧盟委员会在与欧洲药品管理局进行磋商后，可提交关于对此点进行修订的任何适当建议，欧洲议会和欧盟理事会应依据《公约》之规定做出决定。"»

第 28 条　对第 2001/83 号 (EC) 指令的修订
兹对第 2001/83 号 (EC) 指令作如下修订：

1. 将下列点添加至第 1 条中：

"4a. 前沿治疗药品：

一种药品，如欧洲议会和欧盟理事会于 2007 年 11 月 13 日颁布的第 1394/2007 号 (EC) 法规中关于前沿治疗药品的定义所述。"»

2. 将下列点添加至第 3 条中：

"7. 为满足针对个别患者的特制产品之独特医疗处方的要求，对于依据特殊质量标准制备且在同一成员国的医院内由履行专门职业职责的医疗执业人员使用的任何非常规前沿治疗药品（如第 1394/2007 号 (EC) 法规中所定义）。

此类药品的生产应获得该成员国主管部门的许可。各成员国应确保本条款中所述之全国可追溯性和药物警戒要求及特殊质量标准与欧洲共同体层面关于前沿治疗药品的各种要求和标准相当，同时要求依据欧洲议会和欧盟理事会于 2004 年 3 月 31 日颁布的第 726/2004 号 (EC) 法规获得前沿治疗药品上市许可。

第 726/2004 号 (EC) 法规中规定了欧洲共同体层面关于人用和兽用药品的许可和监管程序及建立欧洲药品管理局的相关程序。"»

3. 将下列条款添加至第 4 条中：

"5. 在履行关于禁止或限制使用任何特殊类型的人类或动物细胞，禁止或限制销售、供应或使用含有、包含或源自于此类细胞之药品的国家立法时，本指令及本文中提及之所有法规不得因未在上述欧洲共同体立法中出台相关规定为由对此产生影响。各成员国应向欧盟委员会传达相关国家立法。欧盟委员会应在注册系统中对外公布此信息。"»

4. 将第 6 条第 (1) 款中的第 1 项替换为下列内容：

"除非依据本法令之规定获得某成员国颁发的上市许可或依据第 726/2004 号 (EC) 法规之规定（结合欧洲议会和欧盟理事会于 2006 年 12 月 12 日颁布的第 1901/2006 号 (EC) 法规中关于儿科用药品的规定）获得许可，否则不得在该成员国将药品投放市场。"»

第 29 条　过渡期

1. 依据国家或欧洲共同体立法于 2008 年 12 月 30 日在欧洲共同体合法上市的前沿治疗药品（除组织工程药品外），最迟应于 2011 年 12 月 30 日之前符合本法规的要求。

2. 依据国家或欧洲共同体立法于 2008 年 12 月 30 日在欧洲共同体合法上市的组织工程药品，最迟应于 2012 年 12 月 30 日之前符合本法规的要求。

3. 作为第 297/95 号 (EC) 法规第 3 条第 (1) 款豁免的例外情况，在提交本条第 1 款和第 2 款中所提及之前沿治疗药品上市申请时，无需向欧洲药品管理局缴纳任何费用。

第 30 条　生效

本法规应自《欧盟官方期刊》发布之日起的第 20 天开始生效。

本法规应自 2008 年 12 月 30 日起适用。

本法规作为一个整体应具有约束力，并可直接适用于所有成员国。

附件 I 第 2 条第 (1) 款 (c) 点第 1 项中所述之操作

切割，

磨削，

修整，

离心过滤，

在抗生素或抗菌溶液中浸泡，

灭菌，

放射线照射，

细胞分离、浓缩、纯化、过滤，

冷冻干燥，

冷冻，

冷冻保存,

玻璃化冷冻。

附件 II 第 10 条中所述之产品特性总结

1.药品名称。

2.药品的组成:

2.1 药品的总体描述,必要时还可提供说明性图纸和图片,

2.2 药品活性成分及其他成分的定性和定量组成,这对于药品的正确使用、服用或植入不可或缺。若药品中含有细胞或组织,则应提供关于这些细胞或组织及其具体来源(若并非源于人类,则包括动物物种)的详细说明,

如需查看辅料清单,请参见第 6.1 点。

3.药物剂型。

4.临床资料:

4.1 治疗适应证,

4.2 剂量及针对成人、儿童或其他特殊群体(如有必要)的详细使用、涂覆、植入或服用说明,必要时还可提供说明性图纸和图片,

4.3 禁忌证，

4.4 针对用药的特别警告和预防措施，包括由处理此类药品者、服药者或植入患者体内者应采取的任何特别预防措施，以及患者应采取的预防措施，

4.5 与其他药物的相互作用及其他形式的相互作用，

4.6 在怀孕和哺乳期间使用的注意事项，

4.7 对驾驶和操作机器的能力所产生的影响，

4.8 不良反应，

4.9 服药过量（症状、急救程序）。

5. 药理特性：

5.1 药效学特性，

5.2 药代动力学特性，

5.3 临床前安全数据。

6. 质量资料：

6.1 辅料清单，包括防腐剂，

6.2 不相容性，

6.3 药品重组（必要时）后或直接接触药品的包装被首次开启后的保质期，

6.4 存储时的特殊注意事项，

6.5 用药、服药或植入时使用的容器和特殊设备的性质和内容物，必要时还可提供说明性图纸和图片，

6.6 在处理和处置用过的前沿治疗药品或源于此类药品的废料时应采取的特殊预防措施和说明，在适当和必要时还可提供说明性图纸和图片。

7. 上市许可持有人。

8. 上市许可编号。

9. 首次获得许可或许可续期的日期。

10. 文本修订日期。

附件Ⅲ 第 11 条中所述之外部包装 / 内部包装标签

(a) 药品名称及适应证是否适用于婴儿、儿童或成人的说明（如适当）；应包括国际非专有名称 (INN) 或通用的"通用名称"（若无国际非专有名称）；

(b) 以定性和定量方式表达的活性成分说明，若药品中含有细胞或组织，应包括"本品含有源于人类/动物的细胞"声明，以及关于细胞或组织及其特殊来源的简短说明，若并非源于人类，则应包括动物物种；

(c) 药物剂型和按药品重量、体积或剂量划分的内容物（如适当）；

(d) 辅料清单，包括防腐剂；

(e) 用药、涂抹、服用或植入方法和给药途径（如必要）。在适当情况下，将针对所标示之规定剂量留出空间；

(f) 特殊警告，务必将药品存储于儿童无法触及和看到的位置；

(g) 特定药品所必需提供的任何特殊警告；

(h) 明确标示的失效日期（年月日，如适当）；

(i) 特殊存储注意事项（如有）；

(j) 有关未用药品或药品废料处理的特殊预防措施及可参考的适当回收系统地点（如适当）；

(k) 上市许可持有人的姓名和地址及由持有人任命的代其行事的代表姓名（如适当）；

(l) 上市许可编号；

(m) 制造商批号和唯一的捐献和药品代码，如第 2004/23 号 (EC) 指令第 8 条第 (2) 款中所述；

(n) 在前沿治疗药品供自体用的情况下，唯一的患者识别号和"仅供自体使用"的声明。

附件Ⅳ　第 13 条中所述之包装说明书

(a) 为识别前沿治疗药品：

i) 前沿治疗药品的名称和适应证是否适用于婴儿、儿童或成人的说明（如适当）。应包括常用名称；

ii) 以患者易于理解的词汇表达治疗性小组或活动类型；

iii) 若药品中含有细胞或组织，则应提供关于这些细胞或组织及其具体来源（若并非源于人类，则包括动物物种）的说明；

iv) 若产品包含医疗器械或有源植入式医疗器械，应提供关于此类器械和具体来源的说明；

(b) 治疗性适应证；

(c) 在服用或使用药品前所必需之信息清单，包括：

i) 禁忌证；

ii) 适当的用药注意事项；

iii) 与其他药品相互作用的形式及可能影响药效的其他相互作用形式（例如酒精、烟草、食物等）；

iv) 特殊警告；

v) 可能对驾驶或机械操作能力产生影响的潜在副作用（如适当）；

vi) 辅料及对安全和有效使用药品的重要知识，在依据第 2001/83 号 (EC) 指令第 65 条之规定发布的详细指南中有述。

此清单中还应纳入某些类型使用者的特殊病情，如儿童、孕妇或哺乳期妇女、老年人及患有特殊病理性疾病者；

(d) 正确用药所必需的常用说明，尤其应包括：

i) 剂量；

ii) 用药、涂抹、服用或植入方法和给药途径（如必要）；

在适当情况下，取决于药品性质：

iii) 服药频率，并说明可以或必须服药的适当时间（如适当）；

iv) 治疗持续时间（若持续时间有限）；

v) 在服药过量的情况下应采取的措施（例如症状、急救措施等）；

vi) 关于漏服一剂或多剂时应采取措施的信息；

vii) 在适当情况下，向医生或药剂师咨询以明确了解任何药物使用信息的具体建议；

(e) 在正常用药情况下可能发生的不良反应说明，以及在此类情况下应采取的措施（如必要）；患者需要向医生或药剂师报告包装说明中未提及之任何不良反应；

(f) 在标签上标示参考失效日期，并包括：

i) 在此日期后的用药警告；

ii) 特殊存储注意事项（如适当）；

iii) 针对明显腐坏迹象的警告（如必要）；

iv) 完整的定性和定量组成；

v) 上市许可持有人的名称和地址及在各成员国所任命之代表的姓名（如适当）；

vi) 制造商的名称和地址；

(g) 最近一次更改包装说明书的日期。

第五编 | 第 1234/2008 号（EC）法规——变更

欧盟委员会于 2008 年 11 月 24 日颁布的第 1234/2008 号 (EC) 法规关于人用药品和兽用药品上市许可条款变更的审查

（与欧洲经济区 (EEA) 相关的内容）

欧洲共同体委员会，

鉴于建立欧洲共同体《公约》，

鉴于欧洲议会和欧盟理事会于 2001 年 11 月 6 日颁布的第 2001/82 号 (EC) 指令中与兽用药品相关的欧洲共同体规范，尤其是该指令中第 39 条第 (1) 款之规定，

鉴于欧洲议会和欧盟理事会于 2001 年 11 月 6 日颁布的第 2001/83 号 (EC) 指令中与人用药品相关的欧洲共同体规范，尤其是该指令中第 35 条第 (1) 款之规定，

鉴于欧洲议会和欧盟理事会于 2004 年 3 月 31 日颁布的第
726/2004 号 (EC) 法规中关于欧洲共同体层面人用和兽用药品的许
可和监管程序及建立欧洲药品管理局的相关程序，尤其是该法规
中第 16 条第 (4) 款和第 41 条第 (6) 款之规定，

鉴于：

1. 欧盟委员会于 2003 年 6 月 3 日颁布的第 1084/2003 号 (EC) 法
规中关于对由成员国主管部门授予之人用药品和兽用药品上市
许可条款变更进行审查的规定，以及欧盟委员会于 2003 年 6 月
3 日颁布的第 1085/2003 号 (EC) 法规中关于对属欧盟理事会第
2309/93 号 (EEC) 法规适用范围内的人用药品和兽用药品上市许
可条款变更进行审查的规定中，确立了上市许可条款变更的欧洲
共同体法律框架。鉴于在应用上述两项法规中所积累的实际经验，
为建立更加简单、透明及灵活的法律框架，同时确保对公众和动
物健康提供同等程度的保护，务必继续实施审查。

2. 因此，应对第 1084/2003 号 (EC) 法规和第 1085/2003 号 (EC) 法
规中确立之程序进行调整，但同时不应背离此类程序所基于的总
体原则。出于均衡性的原因考虑，本法规不适用于尚未获得上市
许可但符合简化注册程序的顺势疗法药品和传统草药。

3. 药品的变更可分为不同类别，具体取决于对公众或动物健康所
产生之风险的大小以及对相关药品的质量、安全性及有效性所产
生的影响水平。因此，应制定关于各个类别的定义。考虑到科技
进步，尤其是国际协同发展，为进一步增强可预见性，应编制关
于各种变更类别的详细指南，并定期进行更新。此外，还应授权
欧洲药品管理局（简称为"管理局"）和各成员国对不可预测的

变更类别提供建议。

4. 需要明确的是，对药品质量、安全性或有效性产生最大潜在影响的某些变更需接受完整的科学评估，而新的上市许可申请亦需以同样的方式接受评估。

5. 为进一步减少变更程序的总体数量，并使主管部门能够聚焦在可能对药品质量、安全性或有效性产生真正影响的变更申请上，应对某些细微变更建立年度报告制度。此类变更无需经过任何事先审批，但要在实施后的 12 个月内发出通知。然而，对于必需立即报告以便对相关药品进行持续监管的其他类型的细微变更，则不适用于年度报告制度。

6. 每次变更均需单独提交申请。然而，在某些情况下，为便于对变更进行审查并减轻管理负担，允许成组提交变更申请。目前，仅在所有相关上市许可都受同一组变更影响的情况下，才允许同一上市许可持有人对其持有的多个上市许可条款成组申请变更。

7. 在对多个上市许可条款的变更进行评估的过程中，为避免重复工作，应建立一套轮岗制度，依据此制度，应从各成员国和欧洲药品管理局的主管部门选出一个主管机构，负责代表其他相关机构对变更进行审查。

8. 为反映第 2001/82 号 (EC) 指令和第 2001/83 号 (EC) 指令中的规定，应针对各协调小组的职责（依据第 2001/82 号 (EC) 指令第 31 条和第 2001/83 号 (EC) 指令第 27 条之规定确立）制定相关规定，以促进各成员国之间的相互合作，并在评估特定变更的过程中解决分歧。

9. 本法规应明确上市许可持有人何时可以实施既定的变更，因为此类声明对经济运营商至关重要。

10. 为使所有利益相关方（尤其是各成员国和业界）有足够的时间适应新的法律框架，需要划定一段过渡期。

11. 本法规依据人用药品常务委员会和兽用药品常务委员会的意见提出相关举措。

已采纳本法规：

第一章 总则

第 1 条 主题和适用范围

1. 本法规针对依据第 726/2004 号 (EC) 法规、第 2001/83 号 (EC) 指令、第 2001/82 号 (EC) 指令及欧盟理事会第 87/22 号 (EEC) 指令授予的所有人用药品和兽用药品上市许可的条款变更审查制定了相关规定。

2. 对于上市许可持有人（以下简称为"持有人"）将上市许可转让给其他方的情况，本法规不适用。

3. 第二章之规定仅适用于依据第 87/22 号 (EEC) 指令、第 2001/82 号 (EC) 指令第四章或第 2001/83 号 (EC) 指令第四章授予之上市许可的条款变更。

(3a). 第 2a 章仅适用于单纯国内上市许可的条款变更。

4. 第三章仅适用于依据第 726/2004 号 (EC) 法规授予之上市许可
（以下称为"总上市许可"）的条款变更。

第 2 条　定义

对于本法规而言，下列定义适用：

1. "上市许可条款变更"或"变更"指对下列内容所作的任何修订：

(a) 第 2001/82 号 (EC) 指令第 12 条第 (3) 款至第 14 条及附件Ⅰ、
第 2001/83 号 (EC) 指令第 8 条第 (3) 款至第 11 条及附件Ⅰ、第
726/2004 号 (EC) 法规第 6 条第 (2) 款和第 31 条第 (2) 款，或第
1394/2007 号 (EC) 法规第 7 条中所提及之信息。

(b) 决定授予人用药品上市许可的条款，包括药品特性总结、影响
授予上市许可的任何条件、义务或限制，或因药品特性更改而导
致的标签或包装说明书的更改。

(c) 决定授予兽用药品上市许可的条款，包括药品特性总结、影响
授予上市许可的任何条件、义务或限制，或标签及包装说明书的
变更。

2. "IA 类细微变更"指对相关药品的质量、安全性或有效性仅造
成细微影响或毫无影响的变更。

3. "II 类重大变更"指对相关药品的质量、安全性或有效性造成
重大影响且并非为延期而进行的变更。

4. "上市许可延期"或"延期"指附件Ⅰ中所列的满足所规定之

条件的变更。

5. "IB 类细微变更"指既非 IA 类细微变更、又非 II 类重大变更、同时亦非为延期而进行的变更。

6. "相关成员国"指所属主管部门针对所关注之药品授予上市许可的成员国。

7. "相关部门"指：

(a) 每个相关成员国的主管部门；

(b) 在涉及总上市许可的情况下，指欧洲药品管理局。

8. "紧急安全限制"指由于新信息对药品的安全使用产生一定影响，而导致上市许可条件的临时变更。

9. "单纯国内上市许可"指由某成员国依据相关法律条文（除互认或分散式程序之外且并未按照引证程序进行完整统一的法律条文）授予的任何上市许可。

第 3 条　变更的分类

1. 在涉及任何非延期变更的情况下，附件 II 中所述之分类适用。

2. 在应用本法规中的相关规定后，采纳第 4 条第 (1) 款中所述之指南和依据第 5 条提出的任何建议（如相关），应将类别待定的非延期变更默认视为 IB 类细微变更。

3. 作为第 2 款豁免的例外情况，在应用本法规中的相关规定后，在下列情况下，应将类别待定的非延期变更视为 II 类重大变更：

(a) 根据持有人提交变更时提出的请求；

(b) 在依据第 9 条第 (1) 款、第 13b 条第 (1) 款及第 15 条第 (1) 款之规定完成通知的有效性评估后，如果第 2001/82 号 (EC) 指令第 32 条及第 2001/83 号 (EC) 指令第 28 条中所提及之参照国（以下简称为"参照国"）的主管部门在与其他相关成员国（在涉及总上市许可的情况下）、欧洲药品管理局或与相关主管部门（在涉及单纯国内上市许可的情况下）进行磋商后，采纳依据第 5 条提出的建议，断定变更对相关药品的质量、安全性或有效性会产生重大影响。

第 4 条　指南

1. 欧盟委员会在与各成员国和欧洲药品管理局进行磋商后，应针对不同类别的变更详情、本法规第二、2a、三、四章中所述之程序的履行及依据这些程序提交之文件草拟一份指南。

2. 应对第 1 款中所提及之指南进行定期更新。

第 5 条　对于意外变更的建议

1. 若未能在本法规中找到所提交之变更对应的类别，则在提交变更之前，持有人可向下列各方征求关于变更类别的建议：

(a) 若变更涉及依据第 726/2004 号 (EC) 法规授予的上市许可，则可向欧洲药品管理局征求建议；

(b) 若变更涉及单纯国内上市许可，则可向相关成员国主管部门征求建议；

(c) 在其他情况下，可向参照国的主管部门征求建议。

第 1 项中所述之建议应符合第 4 条第 (1) 款中所述之指南。上述各方应自收到请求之日起 45 日内提出建议，并向持有人、欧洲药品管理局及第 2001/82 号 (EC) 指令第 31 条或第 2001/83 号 (EC) 指令第 27 条中所提及之协调小组送达结果。

若相关部门认为有必要与协调小组进行磋商，则可将第 2 项中所述之 45 日期限延长 25 天。

1a. 若未能在本法规中找到所审查之变更对应的类别，则在对变更进行审查之前，相关成员国的主管部门可向协调小组征求关于变更类别的建议。

第 1 项中所述之建议应符合第 4 条第 (1) 款中所述之指南。协调小组应自收到请求之日起 45 日内提出建议，并向持有人、欧洲药品管理局及所有成员国的主管部门送达结果。

2. 欧洲药品管理局和第 1 款中所述之两个协调小组应相互配合，以确保依据该条款提出的建议具有一致性，并在删除所有具有商业机密性质的信息后予以公布。

第 6 条　导致药品信息更改的变更
若变更导致药品特性总结、标签或包装说明书的更改，则应将此类更改视为变更的一部分。

第 7 条　变更的分组

1. 若同时通知或申请数项变更，则依据第二章、第三章或第 19 条（如适当）之规定，应分别针对每项变更发出通知和提交申请。

2. 作为第 1 款豁免的例外情况，下列规定适用：

(a) 若同一位持有人向同一相关部门通知，同时对一个或多个上市许可的条款进行同样的 IA 类细微变更，则只需在一份通知（如第 8 条或第 14 条中所述）中涵盖所有此类变更即可；

(b) 若针对同一上市许可的条款同时提交数项变更，假设相关变更属于附件Ⅲ中所列的任意一种情况，则只需在提交的一份申请中涵盖所有此类变更即可；

(c) 若针对同一上市许可的条款同时提交数项变更，且相关变更不属于附件Ⅲ中所列的任意一种情况，但若在参照国与相关成员国的主管部门或欧洲药品管理局（在涉及总上市许可的情况下）进行磋商后同意在提交的一份申请中涵盖所有此类变更，则可如此。

可通过下列方式同时向所有相关部门提交 (b) 项和 (c) 项中所述之申请：

(i) 若至少其中一项变更为 IB 类细微变更且其余变更均为细微变更，则可依据第 9 条或第 15 条之规定发出一份通知；

(ii) 若至少其中一项变更为 II 类重大变更且其中无延期变更，则可依据第 10 条或第 16 条之规定提交一份申请；

(iii) 若至少其中一项变更为延期变更，则可依据第 19 条之规定提交一份申请。

第二章　依据特定条款授予的许可之变更

本章标题中的特定条款指：第 87/22 号 (EEC) 指令、第 2001/82 号 (EC) 指令第四章及第 2001/83 号 (EC) 指令第四章之规定：

第 8 条　IA 类细微变更的通知程序

1. 若进行 IA 类细微变更，则持有人应同时向所有相关部门发送一份包含附件Ⅳ中所列元素的通知。应自实施变更之日起 12 个月内发送此通知。

然而，若要求对某些细微变更及时发出通知，以便对相关药品进行持续监管，则应在实施变更后立即发出通知。

2. 自收到通知之日起 30 日内，应采取第 11 条中所述之措施。

第 9 条　IB 类细微变更的通知程序

1. 持有人应同时向所有相关部门发送一份包含附件Ⅳ中所列元素的通知。

若通知满足第 1 项中所述之要求，则参照国的主管部门应在与其他相关成员国进行磋商后，确认收到有效通知。

2. 若自收到有效通知确认之日起 30 日内，参照国的主管部门未向持有人发出否定意见书，则应视为所有相关部门均已接受该通知。

若参照国的主管部门接受该通知，则应采取第 11 条中所述之措施。

3. 若参照国的主管部门认为不能接受该通知，则应通知持有人及其他相关部门，并述明其持反对意见的理由。

为适当考虑意见书中所述之理由，持有人应自收到否定意见之日起 30 日内，向所有相关部门提交修改的通知。

若持有人未依据第 2 项之要求修改通知，则应视为所有相关部门拒绝接受该通知，并采取第 11 条中所述之措施。

4. 若已提交修改通知，则参照国的主管部门应自收到之日起 30 日内对通知进行评估，并采取第 11 条中所述之措施。

5. 若以分组的形式提交 IB 类变更请求，且该分组中包括 II 类变更，但不含延期变更，则本条款不适用。在此情况下，第 10 条中所述之预先审批程序适用。

若以分组的形式提交 IB 类变更请求，且该分组中包括延期变更，则本条款不适用。在此情况下，第 19 条中所述之程序适用。

第 10 条 针对 II 类重大变更的 "预先审批" 程序

1. 持有人应同时向所有相关部门发送一份包含附件 IV 中所列元素的申请。

若申请满足第 1 项中所述之要求，则参照国的主管部门应确认收到有效申请，并通知持有人及其他相关部门自确认之日起便启动此程序。

2. 自确认收到有效申请之日起 60 日内，参照国的主管部门应编写一份评估报告和关于申请的决定书，然后传送至其他相关部门。对于附件 V 第 1 部分中所列之变更或符合第 7 条第 (2) 款 (c) 点中所述之条件的变更分组，在酌情考虑事情紧迫程度的情况下，参照国的主管部门可缩短第 1 项中所述之期限或将其延长至 90 日。

对于附件 V 第 2 部分中所列之变更，应将第 1 项中所述之期限延长至 90 日。

3. 在第 2 款中所述之期限内，参照国的主管部门可要求持有人在该主管部门规定之期限内提交补充信息。在此情况下 :

(a) 参照国的主管部门应将其要求提交补充信息的情况通知其他相关主管部门 ;

(b) 在收到此类补充信息之前，应中止执行此程序 ;

(c) 参照国的主管部门可延长第 2 款中所述之期限。

4. 在不违反第 13 条之规定的情况下，自收到第 2 款中所述之决定书和评估报告之日起 30 日内，相关部门应确认此决定书并通知参照国的相应主管部门。

在第 1 项所述之期限内，若相关部门未依据第 13 条之规定表达异议，则应视为该部门承认此决定书。

5. 若所有相关部门均依据第 4 款之规定承认了第 2 款中所述之决定书，则应采取第 11 条中所述之措施。

6. 若以分组的形式提交 II 类变更请求，且该分组中包括延期变更，则本条款不适用。在此情况下，第 19 条中所述之程序适用。

第 11 条　结束第 8 条至第 10 条中所述之程序的措施

1. 在涉及本款的情况下，参照国的主管部门应采取下列措施：

(a) 通知持有人及其他相关部门，是否接受或拒绝变更；

(b) 若拒绝接受变更，应通知持有人及其他相关部门拒绝的理由；

(c) 通知持有人及其他相关部门，若接受变更，是否需要对授予上市许可的决定进行任何修改。

2. 在涉及本条款的情况下，每个相关部门均应在必要情况下，于第 23 条第 1 款所述之期限内，依据接受的变更，对授予上市许可的决定进行修改。

第 12 条　人类流感疫苗

1. 作为第 10 条豁免的例外情况，出于人类流感疫苗年度更新的目的对疫苗活性成分改变进行的变更审查应适用第 2 款至第 5 款所述之程序。

2. 持有人应同时向所有相关部门发送一份包含附件Ⅳ中所列元素的申请。

若申请满足第 1 项中所述之要求，则参照国的主管部门应确认收到有效申请，并通知持有人及其他相关部门自确认之日起便启动此程序。

3. 参照国的主管部门应对所提交的申请进行评估。

为完成评估，在参照国的主管部门认为必要时，可向持有人索取其他数据。

4. 主管部门应自收到有效申请之日起 45 日内，编写一份决定书和评估报告。

自要求提供第 3 款中所述之其他数据之时起至持有人提交数据期间，第 1 项中所述之 45 日期限将中止计算。

5. 自收到参照国主管部门发送的决定书和评估报告之日起 12 日内，相关部门应采纳相应决定，并通知参照国的主管部门和持有人。

第 13 条　协调小组和仲裁

1. 若由于人用药品可能对公众健康造成潜在严重危害或由于兽用药品可能对人类或动物健康及环境造成潜在严重危害，而无法依据第 10 条第 (4) 款之规定对决定书予以承认，或无法依据第 20 条第 (8) 款 (b) 点之规定批准意见，则相关部门应请求及时将存在争议的问题转呈至协调小组。

提出异议的一方应向所有相关成员国和申请者提交其所持立场的详细原因说明。

2. 在解决第 1 款中所述之存在争议的问题时，第 2001/82 号 (EC) 指令第 33 条第 (3)、(4)、(5) 款或第 2001/83 号 (EC) 指令第 29 条第 (3)、(4)、(5) 款应适用。

第 2a 章 单纯国内上市许可的变更

第 13a 条 IA 类细微变更的通知程序

1. 若进行 IA 类细微变更，则持有人应向主管部门发送一份包含附件Ⅳ中所列元素的通知。应自实施变更之日起 12 个月内发送此通知。

然而，若要求对某些细微变更及时发出通知，以便对相关药品进行持续监管，则应在实施变更后立即发出通知。

2. 自收到通知之日起 30 日内，应采取第 13e 条中所述之措施。

第 13b 条 IB 类细微变更的通知程序

1. 持有人应向主管部门发送一份包含附件Ⅳ中所列元素的通知。

若通知满足第 1 项中所述之要求,则主管部门应确认收到有效通知。

2. 若自收到有效通知确认之日起 30 日内，主管部门未向持有人发出否定意见书，则应视为主管部门已接受该通知。

若主管部门接受该通知，则应采取第 13e 条中所述之措施。

3. 若主管部门认为不能接受该通知，则应通知持有人，并述明其持反对意见的理由。

为适当考虑意见书中所述之理由，持有人应自收到否定意见之日起 30 日内，向主管部门提交修改的通知。

若持有人未依据第 2 项之要求修改通知，则应视为该通知被拒收。

4. 若已提交修改的通知，则主管部门应自收到之日起 30 日内对通知进行评估，并采取第 13e 条中所述之措施。

5. 若以分组的形式提交 IB 类变更请求，且该分组中包括 II 类变更，但不含延期变更，则本条款不适用。在此情况下，第 13c 条中所述之预先审批程序适用。

若以分组的形式提交 IB 类变更请求，且该分组中包括延期变更，则本条款不适用。在此情况下，第 19 条中所述之程序适用。

第 13c 条　针对 II 类重大变更的"预先审批"程序
1. 持有人应向主管部门提交一份包含附件Ⅳ中所列元素的申请。

若申请满足第 1 项中所述之要求，则主管部门应确认收到有效申请。

2. 自确认收到有效申请之日起 60 日内，主管部门应结束评估。对于附件 V 第 1 部分中所列之变更或符合第 13d 条第 (2) 款 (c) 点中所述之条件的变更分组，在酌情考虑事情紧迫程度的情况下，主管部门可缩短第 1 项中所述之期限或将其延长至 90 日。

对于附件 V 第 2 部分中所列之变更，应将第 1 项中所述之期限延长至 90 日。

3. 在第 2 款中所述之期限内，主管部门可要求持有人在该主管部门规定之期限内提交补充信息。在此情况下，在收到补充信息之前，应中止该程序。同时，主管部门可延长第 2 款中所述之期限。

4. 自收到评估结论后 30 日内，应采取第 13e 条中所述之措施。

5. 若以分组的形式提交 II 类变更请求，且该分组中包括延期变更，则本条款不适用。在此情况下，第 19 条中所述之程序适用。

第 13d 条 单纯国内上市许可的变更分组

1. 若同时通知或申请数项变更，则依据第 13a、13b、13c 条或第 19 条（如适当）之规定，应分别针对每项变更向主管部门发出通知和提交申请。

2. 作为第 1 款豁免的例外情况，下列规定适用：

(a) 若同一位持有人向同一主管部门通知，同时对一个或多个上市许可的条款进行同样的 IA 类细微变更，则只需在一份通知（如第 13a 条中所述）中涵盖所有此类变更即可；

(b) 若针对同一上市许可的条款同时向同一主管部门提交数项变更，假设相关变更属于附件 III 中所列的任意一种情况，则只需在提交的一份申请中涵盖所有此类变更即可；

(c) 若针对由同一持有人持有的一个或多个上市许可的条款同时向同一主管部门提交同样的变更，且 (a) 项或 (b) 项中不涵盖此类变更，则可在主管部门同意的情况下，在提交的一份申请中涵盖所有此类变更。

可通过下列方式提交 (b) 项和 (c) 项中所述之申请：

(i) 若至少其中一项变更为 IB 类细微变更且其余变更均为细微变

更，则可依据第 13b 条之规定发出一份通知；

(ii) 若至少其中一项变更为 II 类重大变更且其中无延期变更，则可依据第 13c 条之规定提交一份申请；

(iii) 若至少其中一项变更为延期变更，则可依据第 19 条之规定提交一份申请。

第 13e 条　结束第 13a 条至第 13c 条中所述之程序的措施
在涉及本款的情况下，主管部门应采取下列措施：

(a) 通知持有人，是否接受或拒绝变更；

(b) 若拒绝接受变更，应通知持有人拒绝的理由；

(c) 在必要情况下，应在第 23 条第 1 款中所述之期限内，依据接受的变更对授予上市许可的决定进行修改。

第 13f 条　人类流感疫苗
1. 作为第 13c 条豁免的例外情况，出于人类流感疫苗年度更新的目的对疫苗活性成分改变进行的变更审查应适用第 2 款至第 4 款所述之程序。

2. 持有人应向主管部门提交一份包含附件Ⅳ中所列元素的申请。

若申请满足第 1 项中所述之要求，则主管部门应确认收到有效申请。

3. 主管部门应对所提交的申请进行评估。为完成评估，在主管部门认为必要时，可向持有人索取其他数据。

4. 主管部门应自收到有效申请之日起 45 日内，做出决定并采取第 13e 条中所述之措施。

自要求提供第 3 款中所述之其他数据之时起至持有人提交数据期间，第 1 项中所述之 45 日期限将中止计算。

第三章　总上市许可变更

第 14 条　IA 类细微变更的通知程序

1. 若进行 IA 类细微变更，则持有人应向欧洲药品管理局发送一份包含附件Ⅳ中所列元素的通知。应自实施变更之日起 12 个月内发送此通知。

然而，若要求对某些细微变更及时发出通知，以便对相关药品进行持续监管，则应在实施变更后立即发出通知。

2. 自收到通知之日起 30 日内，应采取第 17 条中所述之措施。

第 15 条　IB 类细微变更的通知程序

1. 持有人应向欧洲药品管理局发送一份包含附件Ⅳ中所列元素的通知。

若通知满足第 1 项中所述之要求，则欧洲药品管理局应确认收到有效通知。

2. 若自收到有效通知确认之日起 30 日内，欧洲药品管理局未向持有人发出否定意见书，则应视为对该通知持赞成意见。

若欧洲药品管理局对通知持赞成意见，则应采取第 17 条中所述之措施。

3. 若欧洲药品管理局认为不能接受该通知，则应通知持有人，并述明其持反对意见所依据的理由。

为适当考虑意见书中所述之理由，持有人应自收到否定意见之日起 30 日内，向欧洲药品管理局提交修改的通知。

若持有人未依据第 2 项之要求修改通知，则应视为该通知被拒收。

4. 若已提交修改的通知，则欧洲药品管理局应自收到之日起 30 日内对通知进行评估，并采取第 17 条中所述之措施。

5. 若以分组的形式提交 IB 类变更请求，且该分组中包括 II 类变更，但不含延期变更，则本条款不适用。在此情况下，第 16 条中所述之预先审批程序适用。

若以分组的形式提交 IB 类变更请求，且该分组中包括延期变更，则本条款不适用。在此情况下，第 19 条中所述之程序适用。

第 16 条 针对 II 类重大变更的"预先审批"程序
1. 持有人应向欧洲药品管理局提交一份包含附件 IV 中所列元素的申请。

若申请满足第 1 项中所述之要求，则欧洲药品管理局应确认收到有效申请。

2. 欧洲药品管理局应自收到第 1 款中所述之有效申请之日起 60 日内，针对该有效申请发表意见。

对于附件 V 第 1 部分中所列之变更或符合第 7 条第 (2) 款 (c) 点中所述之条件的变更分组，在酌情考虑事情紧迫程度的情况下，欧洲药品管理局可缩短第 1 项中所述之期限或将其延长至 90 日。

对于附件 V 第 2 部分中所列之变更，应将第 1 项中所述之期限延长至 90 日。

3. 在第 2 款中所述之期限内，欧洲药品管理局可要求持有人在该局规定之期限内提交补充信息。在收到补充信息之前，应中止该程序。在此情况下，欧洲药品管理局可延长第 2 款中所述之期限。

4. 在对有效申请提出意见时，第 726/2004 号 (EC) 法规第 9 条第 (1) 款和第 (2) 款及第 34 条第 (1) 款和第 (2) 款应适用。

自采纳关于有效申请的最终意见之日起 15 日内，应采取第 17 条中所述之措施。

5. 若以分组的形式提交 II 类变更请求，且该分组中包括延期变更，则本条款不适用。在此情况下，第 19 条中所述之程序适用。

第 17 条　结束第 14 条至第 16 条中所述之程序的措施

1. 在涉及本款的情况下，欧洲药品管理局应采取下列措施：

(a) 通知持有人评估结果；

(b) 若拒绝接受变更，应通知持有人拒绝的理由；

(c) 若评估结果持赞成态度，且变更对于欧盟委员会授予上市许可的决定条款产生影响，则欧洲药品管理局应向欧盟委员会送达其意见书并述明其持此意见所依据的理由，同时提交第 726/2004 号 (EC) 法规第 9 条第 (4) 款或第 34 条第 (4) 款中所述之文件的修订版本（如适当）。

2. 在依据第 1 款 (c) 点之规定完成确认的情况下，欧盟委员会应基于欧洲药品管理局的意见，于第 23 条第 (1a) 款中所预计的期限内，在必要时修改授予上市许可的决定。同时，应对第 726/2004 号 (EC) 法规第 13 条第 (1) 款和第 38 条第 (1) 款中所述之欧洲共同体药品注册系统进行相应更新。

第 18 条 人类流感疫苗

1. 作为第 16 条豁免的例外情况，出于人类流感疫苗年度更新的目的对疫苗活性成分改变进行的变更审查应适用第 2 款至第 6 款所述之程序。

2. 持有人应向欧洲药品管理局提交一份包含附件Ⅳ中所列元素的申请。

若申请满足第 1 项中所述之要求，欧洲药品管理局应确认收到有效申请，并通知持有人，自确认之日起，便启动此程序。

3. 欧洲药品管理局应对所提交的申请进行评估。为完成评估，在欧洲药品管理局认为必要时，可要求持有人提供其他数据。

4. 欧洲药品管理局应自收到有效申请之日起 55 日内提出意见。欧洲药品管理局应向申请者传达其对于申请的意见。若欧洲药品管理局持赞成意见，则欧洲药品管理局还应向欧盟委员会送达其意见书并述明其持此意见所依据的理由，同时提交第 726/2004 号 (EC) 法规第 9 条第 (4) 款中所述之文件的修订版本。

5. 自要求提供第 3 款中所述之其他数据之时起至持有人提交数据期间，第 4 款中所述之 55 日期限将中止计算。

6. 鉴于欧洲药品管理局提出的赞成意见，欧盟委员会应在必要时修改授予上市许可的决定。同时，应对第 726/2004 号 (EC) 法规第 13 条第 (1) 款中所述之欧洲共同体药品注册系统进行相应更新。

第四章　特殊程序及变更实施

第一节　特殊程序

第 19 条　上市许可的延期

1. 在对上市许可的延期申请进行评估时，应依据与授予相关初始上市许可相同的程序进行评估。

2. 延期的方式包括依据与授予相关初始上市许可相同的程序另行授予上市许可，或在该初始上市许可中包含延期的上市许可。

第 20 条　工作共享程序

1. 作为第 7 条第 (1) 款、第 9 条、第 10 条、第 13b 条、第 13c 条、

第 13d 条、第 15 条及第 16 条豁免的例外情况，在下列情况下，上市许可持有人可选择遵循第 3 款至第 9 款中所述之工作共享程序：

(a) 对于第二章和第三章中所述之上市许可而言，若第 7 条第 (2) 款 (b) 点或 (c) 点中所述之 IB 类细微变更、II 类重大变更或一组变更中不包含与同一持有人持有的数个上市许可相关的任何延期；

(b) 对于第 2a 章中所述之单纯国内上市许可而言，若第 13d 条第 (2) 款 (b) 点或 (c) 点中所述之 IB 类细微变更、II 类重大变更或一组变更中不包含与同一持有人持有的数个上市许可相关的任何延期；

(c) 对于第 2a 章中所述之单纯国内上市许可而言，若第 13d 条第 (2) 款 (b) 点或 (c) 点中所述之 IB 类细微变更、II 类重大变更或一组变更中不包含与同一持有人在多个成员国中持有的单一上市许可相关的任何延期；

对于 (a)、(b)、(c) 点中涵盖的变更，均可采取相同的工作共享程序。在涉及单纯国内上市许可的情况下，若对不同上市许可申请相同的变更时，需要提交针对每种相关药品的单独支持性数据或独立评估结果，则权威"参照部门"或主管部门可依据工作共享程序拒绝受理提交的申请。

2. 对本条款而言，"参照部门"指下列其中一方：

(a) 若第 1 款中所述之上市许可中至少有一个为总上市许可，则指欧洲药品管理局；

(b) 在其他情况下，指由协调小组基于持有人提出的建议所选出的相关成员国的主管部门。

3. 持有人应向所有相关部门提交一份包含附件Ⅳ中所列元素的申请，并随附首选参照部门的指示。

协调小组应选出一个参照部门。若申请满足第 1 项中所述之要求，则参照部门应确认收到有效申请。

若所选参照部门为某成员国的主管部门，而该成员国对于受变更申请影响的所有药品均未授予上市许可，则协调小组可请求其他相关部门协助参照部门对申请进行评估。

4. 参照部门应在下述其中一项期限内针对第 3 款中所述之有效申请发表意见：

(a) 在涉及 IB 类细微变更或 II 类重大变更的情况下，应自确认收到有效申请之日起 60 日内发表意见；

(b) 在涉及附件 V 第 2 部分中所列之变更的情况下，应自确认收到有效申请之日起 90 日内发表意见。

5. 对于附件 V 第 1 部分中所列之变更或符合第 7 条第 (2) 款 (c) 点或第 13d 条第 (2) 款 (c) 点中所述之条件的变更分组，在酌情考虑事情紧迫程度的情况下，参照部门可缩短第 4 款第 (a) 点中所述之期限或将其延长至 90 日。

6. 在第 4 款中所述之期限内，参照部门可要求持有人在该参照部门规定之期限内提交补充信息。在此情况下：

(a) 参照部门应将其要求提交补充信息的情况通知其他相关部门；

(b) 在收到此类补充信息之前，应中止执行此程序；

(c) 参照部门可延长第 4 款 (a) 点中所述之期限。

7. 若参照部门为欧洲药品管理局，则在对有效申请提出意见（如第 4 款中所述）时，第 726/2004 号 (EC) 法规第 9 条第 (1) 款和第 (2) 款及第 34 条第 (1) 款和第 (2) 款应适用。

欧洲药品管理局应向申请者和各成员国送达其对于申请的意见书并随附评估报告。若评估结果持赞成态度，且变更对于欧盟委员会授予上市许可的决定条款产生影响，则欧洲药品管理局还应向欧盟委员会送达其意见书并述明其持此意见所依据的理由，同时提交第 726/2004 号 (EC) 法规第 9 条第 (4) 款中所述之文件的修订版本。

若欧洲药品管理局发表赞成意见，则下列条款适用：

(a) 若意见书建议变更欧盟委员会授予上市许可的决定条款，则欧盟委员会应基于最终建议，于第 23 条第 (1a) 款中所预计之期限内，在已收到第 726/2004 号 (EC) 法规第 9 条第 (4) 款或第 34 条第 (4) 款中所述之文件修订版本的前提下，对决定进行相应修改。同时，应对第 726/2004 号 (EC) 法规第 13 条第 (1) 款和第 38 条第 (1) 款中所述之欧洲共同体药品注册系统进行相应更新；

(b) 相关成员国应自收到欧洲药品管理局的最终意见之日起 60 日内，对最终意见进行审批并将审批结果通知欧洲药品管理局，在必要情况下，倘若相关成员国已收到修订上市许可所必需的文件，还应对相关上市许可进行相应修改。

8. 若参照部门为某成员国的主管部门：

(a) 应将其意见书寄送至持有人及所有相关部门；

(b) 在不违反第 13 条之规定的情况下，相关部门应在 30 日内对意见进行审批并将审批结果通知参照部门；

(c) 倘若相关成员国已收到修订上市许可所必需的文件，则应自完成意见审批后 30 日内，对相关上市许可进行相应修改。

9. 根据参照部门的请求，为核实申请的有效性以及对有效申请发表意见，相关成员国应向其提供关于受变更影响的上市许可的信息。

10. 若已通过工作分享程序将单纯国内上市许可的药品特性总结部分统一存档，则随后应同时向所有相关成员国送达对此统一部分产生影响的任何变更申请。

第 21 条　关于人类流感的大流行情况

1. 作为第一章、第二章、第 2a 章及第三章豁免的例外情况，若世界卫生组织或欧盟在欧洲议会和欧盟理事会颁布的第 2119/98 号 (EC) 决议框架中对人类流感的大流行情况进行正式确认，则相关部门或欧盟委员会（在涉及总上市许可的情况下）可在缺少非临床或临床数据的情况下特事特办，暂时接受人类流感疫苗上市许可条款的变更。

2. 若相关部门依据第 1 款之规定接受变更，则持有人应在相关部门设定之期限内提交缺失的非临床和临床数据。

第 22 条　紧急安全限制

1. 若人用药品可能对公众健康造成危害或兽用药品可能对人类或动物健康以及环境造成危害，则持有人应依其职权主动实施紧急安全限制，并及时通知所有相关部门，在涉及总上市许可的情况下，还应通知欧洲药品管理局。

若相关部门或欧洲药品管理局（在涉及总上市许可的情况下）自收到此类信息后 24 小时内未提出反对意见，则应视为已接受紧急安全限制。

2. 若人用药品可能对公众健康造成危害或兽用药品可能对人类或动物健康以及环境造成危害，则相关部门或欧盟委员会（在涉及总上市许可的情况下）可强制持有人采取紧急安全限制。

3. 若持有人主动或在相关部门或欧盟委员会的要求下采取紧急安全限制，则持有人应自启动此类限制后 15 日内，提交相应的变更申请。

第二节　修改授予上市许可的决定并实施

第 23 条　修改授予上市许可的决定

1. 由于第二章和第 2a 章中所规定之程序，应在下述期限内对上市许可的决定进行修改：

(a) 在涉及 II 类重大变更的情况下，倘若相关成员国已收到修订上市许可所必需的文件，应自收到第 11 条第 (1) 款 (c) 点和第 13e 条 (a) 点中所述之信息后 2 个月内进行修改；

(b) 在其他情况下，倘若相关成员国已收到修订上市许可所必需的文件，应自收到第 11 条第 (1) 款 (c) 点和第 13e 条 (a) 点中所述之信息后 6 个月内进行修改。

1a. 由于第三章中所规定之程序，应在下述期限内对上市许可的决定进行修改：

(a) 自收到第 17 条第 (1) 款 (c) 点中所述之信息后 2 个月内进行修改，此类信息主要针对下列变更：

(i) 与新增治疗适应证或修改现有治疗适应证相关的变更；

(ii) 与新增禁忌证相关的变更；

(iii) 与剂量变化相关的变更；

(iv) 与增加兽用药品中非食用目标物种或修改现有非食用目标物种相关的变更；

(v) 关于替换或增加兽用疫苗的血清型、菌株、抗原或血清型、菌株或抗原组合的变更；

(vi) 与季节性、大流行前或大流行性人类流感疫苗中活性成分改变相关的变更；

(vii) 与兽用药品停喂期改变相关的变更；

(viii)意在付诸落实修改后的上市许可授予决定的其他 II 类变更(由于兽用药品令公众健康或动物健康以及环境面临严重问题，而更改授予上市许可的决定)；

(b) 在其他情况下，自收到第 17 条第 (1) 款 (c) 点中所述之信息后 12 个月内进行修改。

欧洲药品管理局应对 (a) 点第 (viii) 项中所述之变更进行认定，并说明每个认定结果所依据的理由。

2.若由于第二章、第 2a 章、第三章及第四章中所规定的其中一项程序而修改授予上市许可的决定,则相关部门或欧盟委员会（在涉及总上市许可的情况下 ）应向持有人通知修改后的决定，不得违误。

第 23a 条
在上市许可技术申请资料中,应包括表明符合第 1901/2006 号 (EC) 法规第 28 条第 (3) 款中所述之商定的完整儿科研究计划的声明。

在完成相关评估后 30 日内，相关部门应向持有人发送确认函，以示已将此声明纳入技术申请资料。

第 24 条　变更的实施
1.在完成第 8 条、第 13a 条及第 14 条中所规定之程序之前，可随时实施 IA 类细微变更。

若涉及一项或多项 IA 类细微变更的通知被拒，则持有人应在收到第 11 条第 (1) 款 (a) 点、第 13e 条 (a) 点及第 17 条第 (1) 款 (a) 点中所述之信息后立即停止申请相关变更。

2. 仅在下列情况下可实施 IB 类细微变更：

(a) 在参照国的主管部门通知持有人其依据第 9 条之规定接受通知后或依据第 9 条第 (2) 款之规定，视为其已接受通知后，实施依据第二章中规定之程序提交的变更；

(b) 在相关部门通知持有人其依据第 13b 条之规定接受通知后或依据第 13b 条第 (2) 款之规定，视为其已接受通知后，实施依据第 2a 章中规定之程序提交的变更；

(c) 在欧洲药品管理局通知持有人其持赞成意见（如第 15 条中所述）后或依据第 15 条第 (2) 款之规定，视为其持赞成意见后，实施依据第三章中规定之程序提交的变更；

(d) 在相关部门通知持有人其持赞成意见后，实施依据第 20 条中规定之程序提交的变更。

3. 仅在下列情况下可实施 II 类重大变更：

(a) 在参照国的主管部门通知持有人其依据第 10 条之规定接受变更的 30 日后，在相关成员国已收到修订上市许可所必需之文件的情况下，实施依据第二章中规定之程序提交的变更；若已依据第 13 条之规定启动仲裁程序，则在仲裁程序得出接受变更的结论之前，持有人不得实施变更；

(b) 在主管部门通知持有人其已依据第 13c 条之规定接受变更之后，实施依据第 2a 章中规定之程序提交的变更；

(c) 在欧洲药品管理局通知持有人其持赞成意见（如第 16 条中所述）后，实施依据第三章中规定之程序提交的变更，但若此类变更为第 23 条第 (1a) 款 (a) 点中所述之变更，则不予实施；

仅在欧盟委员会修改授予上市许可的决定并通知持有人后，才准予实施第 23 条第 (1a) 款 (a) 点中所述之变更；

(d) 在相关部门通知持有人其持赞成意见的 30 日后，在相关成员国已收到修订上市许可所必需之文件的情况下，实施依据第 20 条中规定之程序提交的变更；但若已依据第 13 条之规定启动仲裁程序，或相关程序涉及第 23 条第 (1a) 款 (a) 点中所述之总上市许可的变更，则不予实施此类变更。

若已依据第 13 条之规定启动仲裁程序，或工作分享程序涉及第 23 条第 (1a) 款 (a) 点中所述之总上市许可的变更，则在仲裁程序得出接受变更的结论之前，或在采纳修改上市许可授予决定的欧盟委员会裁决之前，持有人不得实施变更。

4. 仅在相关部门或欧盟委员会（在涉及总上市许可延期的情况下）修改授予上市许可的决定并通知相应持有人后，才准予实施延期变更。

5. 应在持有人与相关部门及欧洲药品管理局（在涉及总上市许可的情况下）达成之时间框架内实施紧急安全限制及与安全问题有关的变更。

作为第 1 项豁免的例外情况，在涉及依据第 2001/82 号 (EC) 指令第四章或第 2001/83 号 (EC) 指令第四章授予之上市许可的情况下，在与其他相关部门进行磋商后，应在持有人与参照国的主管部门达成之时间框架内实施紧急安全限制及与安全问题有关的变更。

第 24a 条　应用关于单纯国内上市许可变更的国家规定

对于本法规附件 Ⅵ 中所列之某些单纯全国性上市许可变更，各成员国可依据第 2001/83 号 (EC) 指令第 23b 条第 (4) 款之规定继续应用相关国家规定。

第五章　最终条款

第 25 条　持续监管

若相关部门要求，持有人应及时提供实施既定变更所需的任何信息，不得违误。

第 26 条　审查

自第 28 条第 2 项所述之日期起 2 年内，为提出任何必要的修订，以使附件 Ⅰ、附件 Ⅱ 及附件 Ⅴ 将科技的进步纳入考量，欧盟委员会服务部门应从变更分类方面对本法规的应用情况进行评估。

第 27 条　废除和过渡性条款

1. 兹废除第 1084/2003 号 (EC) 法规和第 1085/2003 号 (EC) 法规。对于废除法规的引用应解释为对本法规的引用。

2. 作为第 1 款豁免的例外情况，对于在第 28 条第 2 项中所述之日处于待定状态的有效变更通知或申请，第 1084/2003 号 (EC) 法规和第 1085/2003 号 (EC) 法规应继续适用。

第 28 条 生效

本法规应自《欧盟官方期刊》发布之日起的第 20 天开始生效。

本法规应自 2010 年 1 月 1 日起适用。

作为第 2 项豁免的例外情况，可自第 1 项所述之生效日起，征求、送达及发布对于第 5 条中所述之意外变更的建议。

本法规作为一个整体应具有约束力，并可直接适用于所有成员国。

附件 I 上市许可的延期

1. 活性成分改变：

(a) 以具有相同治疗结构的不同盐 / 酯复合物 / 衍生物替换化学活性成分，在此情况下，有效性 / 安全性特点不会发生显著改变；

(b) 以不同的异构体、不同的异构体混合物及孤立性异构体混合物（例如，以单一对映体取代外消旋体）替换活性成分，在此情况下，有效性 / 安全性特点不会发生显著改变；

(c) 以分子结构略微不同的物质替换生物活性成分，在此情况下，有效性 / 安全性特点不会发生显著改变，但下列情况除外：

● 季节性、大流行前或大流行性人类流感疫苗中的活性成分改变；

● 替换或增加预防禽流感、口蹄疫或蓝舌病的兽用疫苗中的血清型、菌株、抗原或血清型、菌株、抗原组合；

● 替换预防马流感的兽用疫苗中的菌株；

(d) 用于产生抗原或源物质的载体改变，包括来自不同来源的全新主细胞库，在此情况下，有效性 / 安全性特点不会发生显著改变；

(e) 放射性药物采用新的配体或耦合机制，在此情况下，有效性 / 安全性特点不会发生显著改变；

(f) 草药制剂中的提取液或草药比例有所调整，在此情况下，有效性 / 安全性特点不会发生显著改变。

2. 药品规格、剂型及给药途径改变：

(a) 生物利用度改变；

(b) 药代动力学改变，如药物释放速度改变；

(c) 药品规格 / 效价强度改变或新增；

(d) 药品剂型改变或新增；

(e) 给药途径改变或新增。

3. 针对兽用药品（以食用家畜为用药对象）的其他改变：目标物种改变或增加。

附件 II　变更的分类

1. 将下列变更归入 IA 类细微变更类别：

(a) 与下列各方的身份和详细联系信息有关的单纯管理性质的变更：
● 持有人；

● 生产过程或成品中使用的任何原料、试剂、中间体及活性成分的制造商或供应商；

(b) 与弃用任何生产地点（包括活性成分、中间体或成品生产地点）、包装地点、负责批量生产的制造商及执行批量控制的地点相关的变更；

(c) 与经批准的理化检验程序之细微改变相关的变更，已证明更新的检验程序至少与先前的检验程序效果相当，同时已执行适当的验证研究，结果显示，更新的检验程序至少与先前的检验程序效果相当；

(d) 与活性成分或辅料的规格改变相关的变更，以符合《欧洲药典》或某成员国的国家药典等相关专著的内容更新，其中仅按照药典稍加更改，而药品特殊属性的规格未做更改；

(e) 与改变包装材料（不接触成品）相关的变更，此类变更不会对药品的交付、使用、安全性或稳定性产生影响；

(f) 与规格限制收紧相关的变更，但此类调整并非因先前执行规格限制审查评估时所做出的任何承诺而导致，亦非因生产期间发生的意外事件而导致。

2. 将下列变更归入 II 类重大变更类别：

(a) 与添加新的治疗适应证或修改现有治疗适应证相关的变更；

(b) 与针对药品特性总结的重大修改相关的变更，尤其是因药品质量、临床前、临床或药物警戒方面的全新发现而做出的修改；

(c) 与超出经批准之规格、限制或验收标准范围之外的更改相关的变更；

(d) 与活性成分或成品的生产工艺、配方、规格或杂质分布图相关的变更，此类变更可能对药品的质量、安全性或有效性产生重大影响；

(e) 与生物制品活性成分的生产工艺或生产地点改变相关的变更；

(f) 与引入新的设计空间或扩大经批准的设计空间（依据欧洲和国际相关科学指南研发的设计空间）相关的变更；

(g) 关于更改或新增非食用目标物种的变更；

(h) 关于替换或增加预防禽流感、口蹄疫或蓝舌病的兽用疫苗中所含血清型、菌株、抗原或血清型、菌株、抗原组合的变更；

(i) 关于替换预防马流感的兽用疫苗中所含菌株的变更；

(j) 与季节性、大流行前或大流行性人类流感疫苗中活性成分改变相关的变更；

(k) 与兽用药品停喂期改变相关的变更。

附件Ⅲ 特定条款所述之变更分组情况

附件标题中特定条款指：第 7 条第 (2) 款 (b) 点和第 13d 条第 (2) 款 (b) 点：

1. 变更分组中的其中一项变更属于上市许可的延期变更。

2. 变更分组中的其中一项变更属于 II 类重大变更；而该分组中的所有其他变更均为此 II 类重大变更所间接导致。

3. 变更分组中的其中一项变更属于 IB 类细微变更；而该分组中的所有其他变更均为此 IB 类细微变更所间接导致的细微变更。

4. 变更分组中的所有变更仅与药品特性总结、标签及包装说明书或插页的管理性质改变相关。

5. 变更分组中的所有变更均为活性成分主文件、疫苗抗原主文件或血浆主文件的改变所导致。

6. 变更分组中的所有变更均与拟改进生产工艺和相关药品的质量或其活性成分的项目相关。

7. 变更分组中的所有变更均为影响人类大流行性流感疫苗的变更。

8. 变更分组中的所有变更均为第 2001/83 号 (EC) 指令第 8 条第 (3) 款 (ia) 点和 (n) 点或第 2001/82 号 (EC) 指令第 12 条第 (3) 款 (k) 点和 (o) 点中所述之药物警戒系统变化所导致。

9. 变更分组中的所有变更均为依据第 22 条之规定提交且因实施既定紧急安全限制所间接导致。

10. 变更分组中的所有变更均与实施既定类别的标签相关。

11. 变更分组中的所有变更均为针对既定定期安全更新报告实施的评估所间接导致。

12. 变更分组中的所有变更均为在持有人的监督下开展之上市后研究而间接导致。

13. 变更分组中的所有变更均为依据第 726/2004 号 (EC) 法规第 14 条第 (7) 款之规定履行特定义务所间接导致。

14. 变更分组中的所有变更均为依据第 726/2004 号 (EC) 法规第 14 条第 (8) 款或第 39 条第 (7) 款、第 2001/83 号 (EC) 指令第 22 条或第 2001/82 号 (EC) 指令第 26 条第 (3) 款之规定执行特定程序或条件所间接导致。

附件IV 需提交的材料

1. 列有受变更通知或申请影响的所有上市许可的清单。

2. 针对提交之所有变更的说明，包括：

(a) 在涉及 IA 类细微变更的情况下，提供所描述之每个变更的实施日期；

(b) 在涉及无需立即发布通知的 IA 类变更的情况下，提供在过去 12 个月内针对相关上市许可条款实施但尚未发布通知的所有 IA 类变更的说明。

3. 第 4 条第 (1) 款 (b) 点所述之指南中列出的所有必需文件。

4. 若某项变更为同一上市许可条款的其他变更所导致或间接导致，则需提交这些变更之间的关系说明。

5. 在涉及总上市许可变更的情况下，需缴纳欧盟理事会第 297/95 号 (EC) 法规中规定的相关费用。

6. 在涉及由各成员国主管部门授予之上市许可变更的情况下：

(a) 提交各成员国名单，并随附参照国的指示（如适用）；

(b) 缴纳由相关成员国颁布的适用之国家法规中规定的相关费用。

附件V

第 1 部分
关于更改或增加治疗适应证的变更。

第 2 部分
1. 关于更改或新增非食用目标物种的变更。

2. 关于替换或增加预防禽流感、口蹄疫或蓝舌病的兽用疫苗中所含血清型、菌株、抗原或血清型、菌株、抗原组合的变更。
3. 关于替换预防马流感的兽用疫苗中所含菌株的变更。

附件VI　第 24a 条中所述之成员国

保加利亚共和国

德意志联邦共和国

第六编 | 第 520/2012 号 (EU) 实施细则——药物 警戒活动

欧盟委员会于 2012 年 6 月 19 日颁布的关于实施欧洲议会和欧盟理事会第 726/2004 号 (EC) 法规及欧洲议会和欧盟理事会第 2001/83 号 (EC) 指令中规定之药物警戒活动的第 520/2012 号 (EU) 实施细则

（与欧洲经济区 (EEA) 相关的内容）

欧盟委员会，

鉴于《公约》中关于欧盟职能的规定，

鉴于欧洲议会和欧盟理事会于 2004 年 3 月 31 日颁布的第 726/2004 号 (EC) 法规中关于欧洲共同体层面人用和兽用药品的许可和监管程序及建立欧洲药品管理局的相关程序，尤其是该法规中第 87a 条之规定，

鉴于欧洲议会和欧盟理事会于 2001 年 11 月 6 日颁布的第 2001/83

号 (EC) 指令中与人用药品相关的欧洲共同体规范，尤其是该指令中第 108 条之规定，

鉴于：

(1) 欧洲议会和欧盟理事会于 2010 年 12 月 15 日颁布的第 1235/2010 号 (EU) 法规中关于人用药品药物警戒方面的修正案、第 726/2004 号 (EC) 法规（规定了欧洲共同体层面人用和兽用药品的许可和监管程序并组建了欧洲药品管理局）及第 1394/2007 号 (EC) 法规中关于前沿治疗药品的规定，均要求加强已在欧盟境内投放市场的药品之安全性并实现合理化监管。根据欧洲议会和欧盟理事会于 2010 年 12 月 15 日颁布的第 2010/84 号 (EU) 指令中关于人用药品药物警戒方面的修正案及第 2001/83 号 (EC) 指令中与人用药品相关的欧洲共同体规范在第 2001/83 号 (EC) 指令中引入了类似的规定。

(2) 药物警戒活动涵盖人用药品安全方面的全生命周期管理。

(3) 第 1235/2010 号 (EU) 法规和第 2010/84 号 (EC) 指令中引入了关于药物警戒系统主文件的概念。为准确反映上市许可持有人所采用的药物警戒系统，药物警戒系统主文件中应包含涵盖药物警戒活动所有方面的关键信息和文件，包括关于已转包之任务的信息。药物警戒系统主文件应有助于上市许可持有人执行适当的规划和审计，并有助于符合资质要求的、负责药物警戒的人员对药物警戒活动执行监管。同时，还应使国家主管部门能够核实药物警戒系统各个方面的合规性。

(4) 应妥善保管药物警戒系统主文件中包含的信息，以反映已执行

的任何更改，并确保国家主管部门在审查时可轻松查找和使用。

(5) 质量体系应成为药物警戒系统不可分割的一部分。为执行药物警戒活动，质量体系的最低要求应确保上市许可持有人、国家主管部门及欧洲药品管理局（简称为"管理局"）建立适当而有效的质量体系，以针对采取的所有措施执行有效的合规监管并形成准确而适当的书面文件。同时，还应确保上市许可持有人、国家主管部门及欧洲药品管理局配备可听候差遣、能够充分胜任、具有适当资质且经过专业培训的人员。

(6) 坚持一个职责明确的质量体系应确保所有的药物警戒活动都以下述方式进行，即：这些活动能够实现药物警戒任务的预期结果或质量目标。

(7) 作为质量体系的一部分，国家主管部门和欧洲药物管理局应广泛建立联络点，以便于发挥国家主管部门、欧洲药品管理局、欧盟委员会、上市许可持有人与药品风险信息（如第 2001/83 号 (EC) 指令第 101 条第 (1) 款第 2 项中所述）上报者之间的连动作用。

(8) 如果上市许可持有人、国家主管部门及欧洲药品管理局采用绩效指标来监测药物警戒活动的良好绩效情况，则这些指标应被记录在案。

(9) 药物警戒活动日益依赖大型数据库的定期监测，例如药物警戒系统数据库。虽然药物警戒系统数据库有望成为药物警戒信息的主要来源，但同时还应考虑其他来源的药物警戒信息。

(10) 上市许可持有人、国家主管部门及欧洲药品管理局应持续监测药物警戒系统数据库中的数据，以确定是否出现新的风险、风险是否发生改变以及相关风险是否对风险收益平衡的药品产生影响。各方应基于个案安全报告的审查结果、来自主动监测系统或研究的汇总数据、文献信息或其他数据源，对出现的各种风险信号进行验证和确认。因此，必须建立用于识别风险信号的通用要求，明确上市许可持有人、国家主管部门及欧洲药品管理局各自的职责，确定验证和确认各种风险信号的方法（如适当），并制定危险信号管理程序。

(11) 作为一般原则，应遵循公认的方法识别风险信号。然而，由于所涉及的药品类型不同，所采用的方法亦会有所不同。

(12) 使用国际通用的术语、格式和标准可便于发挥执行药物警戒活动时所采用之系统的互用性，且可避免针对相同信息的重复编码活动。同时，国际监管部门之间也可轻松进行信息交流。

(13) 为简化疑似不良反应的报告程序，上市许可持有人和各成员国只需向药物警戒系统数据库报告此类反应。同时，应配备药物警戒系统数据库以及时将上市许可持有人提交的疑似不良反应报告转发给发生疑似不良反应的成员国。因此，应针对上市许可持有人和各成员国向药物警戒系统数据库传输的疑似不良反应报告制定通用电子格式。

(14) 定期安全更新报告是监测药品在欧盟市场上市后安全性能发展情况的重要工具，包括风险收益平衡的综合（重新）评估。为便于对定期安全更新报告进行处理和评估，应制定通用格式和内容要求。

(15) 所有新上市许可申请均需随附风险管理计划。计划中应包含关于上市许可持有人采用的风险管理系统的详细说明。为便于风险管理计划的编制及主管部门对计划的评估，应制定通用格式和内容要求。

(16) 若主管部门对药品的安全性有所担忧，则应强制要求上市许可持有人在获得许可后履行开展安全性研究的义务。上市许可持有人应在开展研究之前，提交研究计划草案。此外，上市许可持有人应在适当阶段提交研究摘要和最终研究报告。同时，为便于药物警戒风险评估委员会或主管部门（若要求仅在某一成员国依据第 2001/83 号 (EC) 指令第 22a 条之规定开展研究）对这些研究进行审批和监督，必须规定研究计划草案、研究摘要及最终研究报告遵循的通用格式。

(17) 在不违反欧洲议会和欧盟理事会于 1995 年 10 月 24 日颁布的第 95/46 号 (EC) 指令中关于在处理个人数据时保护个人隐私和关于此类数据自由流通之规定，以及欧洲议会和欧盟委员会于 2000 年 12 月 18 日颁布的第 45/2001 号 (EC) 法规中关于欧洲共同体所属院所和机构在处理个人数据时保护个人隐私和关于此类数据自由流通之规定的情况下，本法规应适用。在所有药物警戒活动中，应充分、有效保障公民个人数据受到保护的基本权利。由于保护公众健康之目的被视为尊重公众的实质性利益，因此，对个人数据的处理应当是有正当理由的（仅在必要情况下方可处理个人数据并且仅在各利益相关方评估药物警戒过程各个阶段处理个人数据的必要性时方可介入处理）。国家主管部门和上市许可持有人可在适当情况下申请化名，从而以化名替代个人身份识别数据。

(18) 本法规中规定的措施符合人用药品常务委员会的意见。

已采纳本法规：

第一章　药物警戒系统主文件

第 1 条　药物警戒系统主文件的结构

1. 药物警戒系统主文件中包含的信息应准确无误并反映已就位的药物警戒系统。

2. 上市许可持有人可在适当情况下针对不同类别的药品采用单独药物警戒系统。同时，应采用单独的药物警戒系统主文件对每个系统进行说明。

药物警戒系统主文件中应涵盖上市许可持有人依据第 2001/83 号 (EC) 指令或第 726/2004 号 (EC) 法规之规定获得上市许可的所有药品。

第 2 条　药物警戒系统主文件的内容

药物警戒系统主文件中至少应包含下列所有要素：

1. 与合格药物警戒负责人员相关的信息，如下所述：

(a) 职责说明，以证明合格药物警戒负责人对于药物警戒系统拥有充分权限，从而能够依据药物警戒任务和职责，促进、保持及提高合规性；

(b) 合格药物警戒负责人的履历摘要，包括在药物警戒系统数据库进行注册的证明；

(c) 合格药物警戒负责人的详细联系信息；

(d) 在合格药物警戒负责人缺席的情况下，备用人员安排的详细信息；

(e) 药物警戒问题联系人（依据第 2001/83 号 (EC) 指令第 104 条第 (4) 款之规定，此联系人已获得国家层面的提名）的职责，包括详细联系信息；

2. 上市许可持有人组织结构说明，包括开展下列药物警戒活动的地点清单：个案安全报告征集、评估、安全数据库案例录入、定期安全更新报告编制、危险信号识别和分析、风险管理、计划管理、获得许可前 / 后的研究管理，以及上市许可条款的安全变更管理；

3. 用于接收、整理及报告安全信息和适用性评估的计算机系统和数据库的位置、功能及操作责任描述；

4. 数据处理和记录说明及用于下列各项药物警戒活动的程序说明：

(a) 药品风险收益平衡的持续监测、监测结果及采取适当措施的决策程序；

(b) 风险管理系统的运行及风险最小化措施的成果监测；

(c) 个案安全报告的征集、评估及报告；

(d) 定期安全更新报告的拟定和提交；

(e) 向医疗保健专业人士和普通公众传达关于安全隐患、药品特性总结和包装说明书安全变更的程序；

5. 执行药物警戒活动所遵循之质量体系的说明，包括下列所有要素：

(a) 人力资源管理说明（如第 10 条中所述）包括下列要素：执行药物警戒活动的组织结构说明（需引用人员资质记录的位置），培训理念总结性说明（包括引用培训文件位置），关键程序说明；

(b) 记录管理系统说明（如第 12 条中所述），包括用于药物警戒活动的文件位置；

(c) 药物警戒系统的执行情况及合规性（是否符合第 11 条之规定）监测系统的说明；

6. 在适当情况下，由上市许可持有人依据第 6 条第 (1) 款之规定转包的活动和 / 或服务说明。

第 3 条 药物警戒系统主文件附件的内容

药物警戒系统主文件的附件中应包含下列下列文件：

1. 药物警戒系统主文件中涵盖的药品清单，包括药品名称、活性成分的国际非专有名称 (INN)，以及上市许可有效适用的成员国；

2. 为符合第 11 条第 (1) 款之目的而制定的书面政策和程序的清单；

3. 第 6 条第 (2) 款中所述之转包清单；

4. 由合格药物警戒负责人委派的任务清单；

5. 所有预定和已完成的审计任务清单；

6. 第 9 条中所述之绩效指标清单（如适当）；

7. 由同一上市许可持有人持有的其他药物警戒系统主文件的清单（如适当）；

8. 包含第 5 条第 (4) 款中所述之信息的日志。

第 4 条 维护

1. 上市许可持有人应使药物警戒系统主文件始终处于最新状态，在必要情况下，可以所积累的经验、科技进步情况及第 2001/83 号 (EC) 指令和第 726/2004 号 (EC) 法规的修正案为考量标准，对主文件进行修改。

2. 应对药物警戒系统主文件及其附件进行版本控制，并注明上市许可持有人最后一次更新的日期。

3. 应在药物警戒系统主文件中记录违反药物警戒程序的任何事件，以及此类事件的影响和管理方法，直至最终解决。

4. 在不违反欧盟委员会于 2008 年 11 月 24 日颁布的第 1234/2008 号 (EC) 法规中关于人用和兽用药品上市许可条款变更审查之规定的情况下，若药物警戒系统主文件的位置发生任何变化，或合格药物警戒负责人的详细联系信息和姓名发生变化，上市许可持有人应立即通知欧洲药品管理局。欧洲药品管理局应对第 726/2004 号 (EC) 法规第 24 条第 (1) 款中所述之药物警戒系统数据库进行相应更新，在必要情况下，还应对第 726/2004 号 (EC) 法规第 26 条

第 (1) 款中所述之欧洲药品门户网站进行更新。

第 5 条　药物警戒系统主文件中所包含之文件的形式

1. 药物警戒系统主文件应完整清晰。在适当情况下，可以图表或程序图的形式提供信息。应将所有文件编入索引并存档，以确保文件的准确性，以及在记录保存期内便于检索。

2. 根据良好药物警戒规范指南中详细描述的系统要求，可采用模块形式提交药物警戒系统主文件所包含的资料和文件。

3. 可以电子形式存储药物警戒系统主文件，但前提是随着时间的推移，用于存储的媒介依然可以读取，且可提供清晰的打印版本，以供审计和检查。

4. 上市许可持有人应在第 3 条第 8 点所述之日志中记录过去 5 年内对药物警戒系统主文件所做的任何更改，但第 2 条第 1 点 (b) 项至 (e) 项及第 3 条中所述之信息除外。上市许可持有人应在日志中注明日期、执行更改的负责人及更改原因（如适当）。

第 6 条　转包

1. 上市许可持有人可将药物警戒系统的某些活动转包给第三方。尽管如此，依然由上市许可持有人对药物警戒系统主文件的完整性和准确性承担全部责任。

2. 上市许可持有人应草拟一份目前与第三方之间开展的转包（如第 1 款中所述）业务清单，并述明涉及的相关药品和地区。

第 7 条　药物警戒系统主文件的可用性和位置

1. 药物警戒系统主文件应位于上市许可持有人在欧盟境内开展主要药物警戒活动的地点或合格药物警戒负责人在欧盟境内开展业务的地点。

2. 上市许可持有人应确保合格药物警戒负责人具有永久访问药物警戒系统主文件的权限。

3. 在保存药物警戒系统主文件之处，若出于检查之目的，药物警戒系统主文件应永久且立即可用。

若依据第 5 条第 (3) 款之规定，以电子形式保存药物警戒系统主文件，则为履行本条款之规定，在保存药物警戒系统主文件之处，只需确保以电子形式存储的数据直接可用即可。

4. 为履行第 2001/83 号 (EC) 指令第 23 条第 (4) 款之规定，国家主管部门可限制索取药物警戒系统主文件的特定部分或模块，且上市许可持有人应承担提交药物警戒系统主文件副本的费用。

5. 国家主管部门和欧洲药品管理局可要求上市许可持有人定期提交第 3 条第 8 点中所述之日志的副本。

第二章　执行药物警戒活动所需之质量体系的最低要求

第一节　总则

第 8 条　质量体系

1. 上市许可持有人、国家主管部门及欧洲药品管理局应建立并采用一套质量体系，以便充分有效地执行药物警戒活动。

2. 质量体系应包括组织结构、职责、程序、流程和资源、适当的资源管理、合规管理和记录管理。

3. 质量体系应基于下列所有活动：

(a) 质量规划；建立组织结构并规划整合统一的程序；

(b) 质量合规：按照质量要求执行任务和履行职责；

(c) 质量控制和保证：监督和评估所建立之结构和程序的有效性及所履行之程序的有效性；

(d) 质量改进：必要时，对相关结构和程序进行纠正和改进。

4. 应以书面政策和程序的形式，以系统而有序的方式，将质量体系采用的所有要素、要求及规定形成书面文件，如质量计划、质量手册和质量记录等。

5. 为执行药物警戒活动，由国家主管部门和欧洲药品管理局建立质量体系的相关程序，其中相关参与人员应负责质量体系的良好运行。同时，应确保采用系统性方法执行质量管理及质量体系的实施和维护。

第 9 条　绩效指标

1. 上市许可持有人、国家主管部门及欧洲药品管理局可采用绩效指标持续衡量和监督药物警戒活动的出色执行情况。

2. 欧洲药品管理局可基于药物警戒风险评估委员会的建议公布绩效指标清单。

第二节　上市许可持有人执行药物警戒活动所需之质量体系的最低要求

第 10 条　人力资源管理

1. 为执行药物警戒活动，上市许可持有人应拥有一支能够充分胜任、具有适当资质且经过专业培训的员工队伍。

为履行第 1 项之规定，上市许可持有人应确保合格药物警戒负责人掌握关于执行药物警戒活动的丰富理论和实践知识。若合规人员未按照欧洲议会和欧盟理事会于 2005 年 9 月 7 日颁布的第 2005/36 号 (EC) 指令第 24 条中关于职业资格认定之规定接受完整的基础医疗培训，则上市许可持有人应确保合格药物警戒负责人在经过医疗专业培训者的辅助下开展工作。须将此类辅助情况妥善记录在案。

2. 应在职位描述中定义管理和监管人员的职责，包括合格药物警戒负责人。在组织结构图中，应定义他们之间的层次关系。上市许可持有人应确保合格药物警戒负责人拥有充分权限，从而能够对上市许可持有人的质量体系和药物警戒活动产生足够的影响力。

3. 参与执行药物警戒活动的所有人员均应接受与其职务和职责相关的初始和持续性培训。上市许可持有人应保存培训计划和记录，以记录、保持及培养相关人员的能力，使其能够执行审计或审查任务。

4. 上市许可持有人应提供关于在紧急情况下所采用之程序的适当

说明，包括业务连续性说明。

第 11 条　合规管理

1. 为确保完成下列任务，应制定具体的质量体系和流程：

(a) 上市许可持有人应采取连续监测药物警戒数据、对风险最小化和预防方案进行审查等适当措施；

(b) 由上市许可持有人针对关于药品风险的所有信息执行具体评估，如第 2001/83 号 (EC) 指令第 101 条第 (1) 款第 2 项中所述；

(c) 在第 2001/83 号 (EC) 指令第 107 条第 (3) 款第 1 项和第 2 项所分别规定的期限内，向药物警戒系统数据库提交准确且可验证的重度和非重度不良反应数据；

(d) 所提交之信息的质量、统一性及完整性，包括避免重复提交及验证风险信号的程序，应符合第 21 条第 (2) 款之规定；

(e) 上市许可持有人与国家主管部门及欧洲药品管理局之间应保持有效沟通，包括针对新的风险或变化的风险、药物警戒系统主文件、风险管理系统、风险最小化措施、定期安全更新报告、纠正性和预防性措施及上市后的研究等方面进行沟通；

(f) 基于上市许可持有人对欧洲药品门户网站上发布之信息进行的持续监测，由上市许可持有人按照所掌握的科学知识对产品信息进行更新，包括在欧洲药品门户网站上发布的评估结果和建议；

(g) 由上市许可持有人向医疗保健专业人士和患者以适当方式传达

相关安全性信息。

2.即使上市许可持有人将某些药物警戒任务进行转包，也依然由
其负责确保在这些任务中应用有效的质量体系。

第 12 条　记录管理和数据保留

1.上市许可持有人应记录所有药物警戒信息并确保妥善处理和存
储，以便准确报告、解释及验证此类信息。

上市许可持有人应针对用于药物警戒活动的所有文件建立记录管
理体系，以确保轻松检索这些文件，并能够追溯调查安全隐患时
所采取的措施、调查的时间表，以及针对安全隐患做出的决定，
包括决定日期和决策程序。

上市许可持有人应建立相关机制，以便对不良反应报告进行追溯
和跟进。

2.上市许可持有人应详细部署，以确保在上市许可持有人正式终
止使用该系统（如药物警戒系统主文件中所述）后将第 2 条中所
述之要素至少保存 5 年。

对于与特殊许可药品相关的药物警戒数据和文件，不仅应在该药
品许可期限内予以妥善保存，且在上市许可失效后，还应至少保
存 10 年。若欧盟法律或国家法律另有要求，还应将这些文件保
存更长时间。

第 13 条　审计

1.为确保质量体系符合第 8 条、第 10 条、第 11 条及第 12 条中

规定的质量体系要求及确定其有效性，应定期对质量体系执行风险审计。应由未直接参与或负责接受审计之事务或程序的相关人员执行上述审计。

2. 必要时，应采取纠正性措施，包括对不足之处执行后续审计。应针对每次审计和后续审计拟定审计结果报告。随后，应将审计报告发送给负责接受审计事务的管理部门。应依据第 2001/83 号 (EC) 指令第 104 条第 (2) 款第 2 项之规定，记录审计和后续审计的日期和结果。

第三节 国家主管部门和欧洲药品管理局执行药物警戒活动所需之质量体系的最低要求

第 14 条 人力资源管理

1. 为执行药物警戒活动，国家主管部门和欧洲药品管理局应拥有一支能够充分胜任、具有适当资质且经过专业培训的员工队伍。

应明确阐述组织结构、任务分配及各自的职责，并在必要范围内，确保各方轻松理解。此外，应建立联络点。

2. 参与执行药物警戒活动的所有相关人员均应接受初始和持续性培训。国家主管部门和欧洲药品管理局应保存培训计划和记录，以记录、保持及培养相关人员的能力，使其能够执行审计任务。

3. 国家主管部门和欧洲药品管理局应向其工作人员提供关于在紧急情况下所采用之程序的适当说明，包括业务连续性说明。

第 15 条 合规管理

1. 为实现下列所有目标，国家主管部门和欧洲药品管理局应制定
具体的程序和流程：

(a) 确保针对提交的药物警戒数据进行质量（包括完整性）方面的
评估；

(b) 确保在第 2001/83 号 (EC) 指令和第 726/2004 号 (EC) 法规所规
定之期限内对药物警戒数据及数据处理方式进行评估；

(c) 确保在执行药物警戒活动中的独立性；

(d) 确保各国主管部门之间、国家主管部门与欧洲药品管理局之间
及与患者、医疗保健专业人士、上市许可持有人及普通公众之间
进行有效沟通；

(e) 确保国家主管部门和欧洲药品管理局依据第 2001/83 号 (EC) 指
令第 106a 条之规定，彼此通知（包括通知欧盟委员会）其意欲
发布在数个成员国获得许可之药品的安全公告，或关于此药品中
所含之活性成分的安全公告；

(f) 执行检查，包括授予许可前的检查。

2. 除第 1 款中所述之程序外，国家主管部门还应制定用于收集和
记录其境内发生之所有疑似不良反应的相关程序。

3. 依据第 726/2004 号 (EC) 法规第 27 条之规定，欧洲药品管理局
应制定用于监管医疗文献的相关程序。

第 16 条　记录管理和数据保留

1.国家主管部门和欧洲药品管理局应记录所有药物警戒信息并确保妥善处理和存储，以便准确报告、解释及验证此类信息。

国家主管部门和欧洲药品管理局应针对用于药物警戒活动的所有文件建立记录管理体系，以确保轻松检索这些文件，并能够追溯调查安全隐患时所采取的措施、调查的时间表，以及针对安全隐患做出的决定，包括决定日期和决策程序。

2.国家主管部门和欧洲药品管理局应详细部署，以确保在终止使用该系统后将介绍药物警戒系统的基本文件至少保存 5 年。

对于与特殊许可药品相关的药物警戒数据和文件，不仅应在该药品许可期限内予以妥善保存，且在上市许可失效后，还应至少保存 10 年。若欧盟法律或国家法律另有要求，还应将这些文件保存更长时间。

第 17 条　审计

1.为确保质量体系符合第 8 条、第 14 条、第 15 条、第 16 条规定的质量体系要求及确保其有效性，应按照通用方法，定期对质量体系执行风险审计。

2.在必要时，应采取纠正性措施，包括对不足之处执行后续审计。随后，应将审计报告发送给负责接受审计之事务的管理部门。应妥善记录审计和后续审计的日期和结果。

第三章　监测药物警戒系统数据库数据的最低要求

第18条　一般要求

1. 在对药物警戒系统数据中的数据进行监测的过程中，欧洲药品管理局和国家主管部门应相互合作。

2. 上市许可持有人应在其访问权限范围内，对药物警戒系统数据中的数据进行监测。

3. 上市许可持有人、国家主管部门及欧洲药品管理局应确保对药物警戒系统数据进行持续监测，监测频率应与已确定的风险、潜在风险及其他信息需求成正比。

4. 各成员国主管部门应负责监测源自该成员国境内的数据。

第19条　识别变化的风险和新风险

1. 应基于药品或活性成分风险信号的识别与分析发现新的风险或变化的风险。

对于本章而言，"风险信号"指源于一个或多个来源（包括观察和实验）的信息暗示干预措施与一个事件或一系列相关事件之间出现新的潜在因果关系，或已知关系中出现新的有利或不利情况，此情况被视为足以充分证明验证措施的合理性。

为监测药物警戒系统数据库中的数据，应仅考虑与不良反应相关的风险信号。

2. 应基于跨学科方法识别风险信号。在适当情况下，在药物警戒系统数据库中识别危险信号时可辅以统计分析。在与药物警戒风险评估委员会进行磋商后，欧洲药品管理局可发布在识别风险信号时已纳入考量的医学事件清单。

第20条 确定风险信号证据价值的方法

1. 国家主管部门、上市许可持有人及欧洲药品管理局应采用公认的方法，同时考虑临床相关性、关联性的定量强度、数据的一致性、药物暴露与反应的关系、生物学似然性、实验结论、可行性类比及数据的性质和质量等因素，确定风险信号的证据价值。

2. 在确定风险信号的优先级时，应考虑不同类型的因素，尤其是是否有新的关联或新药物、与关联性强度相关的因素、与相关反应严重程度相关的因素，以及与提交至药物警戒系统数据库中的报告文件相关的因素等。

3. 药物警戒风险评估委员会应定期审查所采用的方法，在适当情况下，应发布提出的建议。

第21条 风险信号管理程序

1. 风险信号管理程序中应包括下列活动：信号识别、信号验证、信号确认、信号分析和确定优先级、信号评估及建议采取的措施。

对于本条款而言，"信号验证"指针对已发现之风险信号的支持性数据进行评估的过程，此过程旨在验证包含充分证据的可用文件能够证明存在新的潜在因果关系或已知关系中出现新的情况，因此，可进一步证明信号分析的合理性。

2. 若上市许可持有人在监测药物警戒系统数据库的过程中发现新

的风险信号，则应对此风险信号进行验证并及时通知欧洲药品管理局和国家主管部门。

3. 若认为需要对经验证的风险信号进行深入分析，则最迟应自收到风险信号之日起 30 日内尽快确认，如下所述：

(a) 若风险信号涉及依据第 2001/83 号 (EC) 指令获得许可的药品，则应由药品上市所在的成员国或依据第 22 条第 (1) 款任命的任何领导成员国或联合领导成员国的主管部门进行确认；

(b) 若风险信号涉及依据第 726/2004 号 (EC) 法规获得许可的药品，则应由欧洲药品管理局与各成员国共同合作并进行确认。

在对经验证的风险信号进行分析时，国家主管部门和欧洲药品管理局应考量关于药品的其他可用信息。

若未能确认某种药品风险信号的有效性，同时，若同一药品随后又出现新的风险信号，则应尤为关注这些未经确认的风险信号。

4. 在不违反第 2 款和第 3 款之规定的情况下，国家主管部门和欧洲药品管理局应在对药物警戒系统数据库进行持续监测的过程中验证和确认所发现的任何风险信号。

5. 依据第 2001/83 号 (EC) 指令第 107h 条第 (2) 款和第 726/2004 号 (EC) 法规第 28a 条第 (2) 款之规定，应将经确认的风险信号录入至由欧洲药品管理局管理的追踪系统中，同时传送至药物警戒风险评估委员会，以便对风险信号进行初步评估和确定优先级。

6. 在药物警戒风险评估委员会针对任何经确认的风险信号进行评估后，欧洲药品管理局应及时向相关上市许可持有人通知得出的评估结论。

第 22 条　风险信号管理的工作共享

1. 各成员国应同意，针对依据第 2001/83 号 (EC) 指令在多个成员国获得许可的药品及针对数种药品（其中至少有一种药品依据第 2001/83 号 (EC) 指令获得上市许可）中所含的活性成分，在第 2001/83 号 (EC) 指令第 27 条中所述之协调小组内任命一个领导成员国和联合领导成员国（如适当）。对于任何此类任命，应至少每隔 4 年进行一次审查。

领导成员国应负责监测药物警戒系统数据库，并依据第 21 条第 (3) 款和第 (4) 款之规定，代表其他成员国对风险信号进行验证和确认。被任命为联合领导的成员国应协助领导成员国完成任务。

2. 在任命领导成员国和联合领导成员国（如适当）时，协调小组应考量任何成员国是否依据第 2001/83 号 (EC) 指令第 28 条第 (1) 款之规定担任参照国，或依据该指令第 107e 条之规定担任定期安全更新报告的评估报告员。

3. 欧洲药品管理局应在欧洲药品门户网站上公布依据本条款之规定需工作共享的活性成分清单以及被委任为负责对风险警戒系统数据库中的此类成分进行监测的联合领导成员国。

4. 在不违反第 1 款之规定的情况下，所有成员国均应依据第 2001/83 号 (EC) 指令第 107h 条第 (1) 款 (c) 点和第 107h 条第 (3) 款之规定，负责对药物警戒系统数据库中的数据进行监测。

5. 对于依据第 726/2004 号 (EC) 法规获得许可的药品, 欧洲药品管理局应在报告员（由药物警戒风险评估委员会依据第 726/2004 号 (EC) 法规第 62 条第 (1) 款之规定任命）的协助下, 对药物警戒系统数据库中的数据进行监测。

第 23 条　为识别风险信号提供的支持

为支持国家主管部门对药物警戒系统数据库进行监测, 欧洲药品管理局应为其提供访问下列信息的权限:

(a) 数据输出和统计报告, 以便对报告至药物警戒系统数据库中与某种活性成分或药品相关的所有不良反应事件进行审查;

(b) 定制化查询, 以便为个案安全报告和系列病例的评估提供支持;

(c) 数据分组和分层信息, 以能够识别不良反应发生风险较高或可能存在重度不良反应风险的患者群体;

(d) 风险信号识别的统计方法。

欧洲药品管理局还应确保上市许可持有人为药物警戒系统数据库的监测提供适当支持。

第 24 条　风险信号识别审计记录

1. 国家主管部门和欧洲药品管理局应针对在药物警戒系统数据库中开展的风险信号识别活动及相关查询和查询结果留存一份审计记录。

2. 在审计记录中, 应可追溯如何发现风险信号及如何对经验证和确认的风险信号进行评估等方面。

第四章 术语、格式及标准的使用

第 25 条 国际通用术语的使用

1. 为便于进行分类、检索、报告、风险收益评估和审评及以电子形式交流和沟通药物警戒和药品信息，各成员国、上市许可持有人及欧洲药品管理局应采用下列术语：

(a) 由国际人用药品注册技术要求国际协调会 (ICH) 编撰的《国际医学用语词典》(MedDRA)，多学科类论题中的 M1；

(b) 由欧洲药典委员会出版的标准术语表；

(c)EN ISO 11615 ：2012 健康信息学——医用产品的识别 (IDMP) 标准，"规定之医用产品信息的唯一识别和交换用数据元素和结构" (ISO/FDIS 11615 ：2012) 中规定的术语；

(d)EN ISO 11616 ：2012 健康信息学——医用产品的识别 (IDMP) 标准，"规定之药品信息的唯一识别和交换用数据元素和结构" (ISO/FDIS 11616:2012) 中规定的术语；

(e)EN ISO 11238 ：2012 健康信息学——医用产品的识别 (IDMP) 标准，"规定之成分信息的唯一识别和交换用数据元素和结构" (ISO/FDIS 11238 ：2012) 中规定的术语；

(f)EN ISO 11239 ：2012 健康信息学——医用产品的识别 (IDMP) 标准，"规定之药品剂型、陈述单元及给药途径信息的唯一识别和交换用数据元素和结构"(ISO/FDIS 11239:2012) 中规定的术语；

(g)EN ISO 11240 ： 2012 健康信息学——医用产品的识别 (IDMP) 标准，"测量单位唯一识别和交换用数据元素和结构"(ISO/FDIS 11240 ： 2012) 中规定的术语；

2. 必要时，各成员国、国家主管部门或上市许可持有人可请求国际人用药品注册技术要求国际协调会、欧洲药典委员会、欧洲标准化委员会或国际标准化组织向第 1 款中所述之术语表中新增术语。在此情况下，各方应向欧洲药品管理局发出相应通知。

3. 各成员国、上市许可持有人及欧洲药品管理局应通过系统性或定期随机评估的方式监管第 1 款中所述之术语的使用情况。

第 26 条　国际通用格式和标准的使用

1. 为便于进行说明、检索、报告、风险收益评估和审评及以电子形式交流和沟通药物警戒和药品信息，国家主管部门、上市许可持有人及欧洲药品管理局应采用下列格式和标准：

(a) 扩展型药物警戒系统药品报告消息 (XEVPRM)，规定了以电子形式提交关于在欧盟境内依据第 726/2004 号 (EC) 法规第 57 条第 (2) 款之规定获得许可之所有药品信息的格式，由欧洲药品管理局发布；

(b)ICH E2B(R2) "ICH 临床安全数据管理指南的维护：针对个案安全报告传输的数据元素"；

(c)ICH M2 标准 "以电子形式传输个案安全报告消息的规范"。

2. 为履行第 1 款之规定，国家主管部门、上市许可持有人及欧洲药品管理局还应采用下列格式和标准：

(a)EN ISO 27953–2 ： 2011 健康信息学——药物警戒方面的个案安全报告 (ICSRs) —— 第 2 部分 : 针对 ICSR 的人用药品报告要求 (ISO 27953–2 ： 2011)；

(b)EN ISO 11615 ： 2012，健康信息学——医用产品的识别 (IDMP) 标准，"规定之医用产品信息的唯一识别和交换用数据元素和结构"(ISO/FDIS 11615 ： 2012)；

(c)EN ISO 11616 ： 2012，健康信息学——医用产品的识别 (IDMP) 标准，"规定之医用产品信息的唯一识别和交换用数据元素和结构"(ISO/FDIS 11616 ： 2012)；

(d)EN ISO 11238 ： 2012，健康信息学——医用产品的识别 (IDMP) 标准，"规定之成分信息的唯一识别和交换用数据元素和结构"(ISO/FDIS 11238 ： 2012)；

(e)EN ISO 11239 ： 2012，健康信息学——医用产品的识别 (IDMP) 标准，"规定之药品剂型、陈述单元及给药途径信息的唯一识别和交换用数据元素和结构"(ISO/FDIS 11239 ： 2012)；

(f)EN ISO 11240 ： 2012，健康信息学——医用产品的识别 (IDMP) 标准，"测量单位唯一识别和交换用数据元素和结构"(ISO/FDIS 11240 ： 2012)。

第五章　疑似不良反应报告的传送

第 27 条　个案安全报告

应采用个案安全报告向药物警戒系统数据库报告个别患者在特定时间点发生的药品疑似不良反应。

第 28 条　个案安全报告的内容

1. 各成员国和上市许可持有人应尽可能确保个案安全报告完整，同时应以准确而可靠的方式向药物警戒系统数据库传送关于此类报告的更新信息。

在加速报告的情况下，个案安全报告中至少应包括可识别身份的报告员、可识别身份的患者、一个疑似不良反应事件及相关药品。

2. 各成员国和上市许可持有人应记录必要的详细信息，以获取关于个案安全报告的后续信息。亦需详细记录报告的后续信息。

3. 在报告疑似不良反应事件时，各成员国和上市许可持有人应提供每个案例的所有可用信息，包括：

(a) 管理信息：提供报告类型、日期和世界范围内的唯一案例识别编号及发送者唯一识别编号和发送者类型；从源发送者接收报告的日期和收到最新信息的日期（应使用精确的日期）；其他案例识别编号及其来源，以及所引用的由个案安全报告发送者持有的其他可用文件；

(b) 参考文献应采用由国际医学期刊编辑委员会针对世界范围内报告不良反应事件的文献制定的"温哥华体"，包括综合英语文章摘要；

(c) 对于欧洲议会和欧盟理事会于 2001 年 4 月 4 日颁布的第 2001/20 号 (EC) 指令(各成员国出台的相似法律、法规及行政规定，要求在开展人用药品临床试验的过程中实施良好临床规范)中未涵盖的研究报告，应提供研究类型、研究名称及发起者的研究编号或研究注册编号；

(d) 关于主要来源的信息：识别报告者身份的信息，包括所驻成员国和职业资质；

(e) 识别患者（在提交亲子报告的情况下，亦包括患者父母）身份的信息，包括在首次发生不良反应时的年龄、年龄段、发现胎儿出现不良反应 / 事件时的妊娠期、体重、身高或性别、最后一次月经日期及 / 或接触药物时的妊娠期；

(f) 提供相关病史和并发症；

(g) 提供发生疑似不良反应的药品名称（ 如第 2001/83 号 (EC) 指令第 1 条第 (20) 款中所定义 ），包括相互作用的药品，或在药品名称未知的情况下，提供活性成分及可识别药品的任何其他特点，包括上市许可持有人名称、上市许可编号、上市许可所属国、药品剂型、（原型药物）给药途径、案例中所应用的适应证、给药剂量、给药起始日期和结束日期、针对药品采取的相关措施，以及可疑药品的去激发和激发效果；

(h) 提供生物制品的批号；

(i)提供依据(g)点认定且与发生的疑似不良反应及患者(患者父母)过往的药物治疗史(如适当)无关的同服药品;

(j)关于疑似不良反应的信息:疑似不良反应发生的起始日期和结束日期或持续时间、严重程度、上次观察到的疑似不良反应造成的后果、可疑药品的给药间隔和不良反应发生的起始时间、原报告者在描述不良反应时使用的词汇或短语,以及疑似不良反应发生的成员国或第三方等信息;

(k)检查结果和患者调查程序;

(l)在患者死亡的情况下,提供死亡日期和报告的死因,包括尸检确定的原因等;

(m)可能的情况下,在案例陈述中应提供与个案相关的所有信息,但非重度不良反应除外;

(n)说明取消或修改个案安全报告的原因。

为履行(b)点之规定,传送初始报告的上市许可持有人应根据欧洲药品管理局的请求,提供相关文章的副本(将版权限制因素纳入考量)及该文章的完整英文译文。

为履行(h)点之规定,应制定相关后续程序,以获取初始报告中并未指明的药品批号。

为履行(m)点之规定,应按逻辑时间顺序和患者过往经历的时间顺序呈现相关信息,包括临床过程、治疗措施、结果及获得的后续信息；在叙述内容中，还应总结相关尸检或验尸结果信息。

4. 若在叙述性和文字性描述中以英文之外的欧盟官方语言报告疑似不良反应，上市许可持有人应提供原文内容和总结的逐字英文译文。

各成员国可以其官方语言提交案例陈述。对于此类报告，若欧洲药品管理局或其他成员国为评估潜在的风险信号而要求提供案例报告的译文，则应按要求提供。

对于来自欧盟境外的疑似不良反应报告，应采用英文。

第 29 条　以电子形式传送疑似不良反应信息所采用的格式

在以电子形式传送疑似不良反应信息时，各成员国和上市许可持有人应采用第 26 条中规定的格式和第 25 条中规定的术语。

第六章　风险管理计划

第 30 条　风险管理计划的内容

1. 由上市许可持有人编制的风险管理计划应包含下列要素：

(a) 相关药品安全特性的识别或描述；

(b) 如何进一步描述相关药品安全特性的说明；

(c) 为预防或最大限度地降低相关药品风险所采取之措施的文件，包括对这些干预措施之有效性进行的评估；

(d) 获得许可后应履行之义务的文件，此为授予上市许可的条件。

2. 在适当情况下，可将含有相同活性成分且属于同一上市许可持有人的药品归入同一风险管理计划中。

3. 若风险管理计划涉及获得许可后开展的研究，则应指明上市许可持有人是自愿或为履行国家主管部门、欧洲药品管理局或欧盟委员会规定的义务而发起、管理或资助此类研究。应在风险管理计划摘要中列出获得许可后应履行的所有义务及履行义务的时间表。

第 31 条　风险管理计划摘要
1. 依据第 2001/83 号 (EC) 指令第 106 条 (c) 点和第 726/2004 号 (EC) 法规第 26 条第 (1) 款 (c) 点之规定对外公布的风险管理计划摘要中应包括风险管理计划的关键要素，尤其要专注于风险最小化活动、相关药品的安全规范、关于潜在和已确定之风险的信息及缺失的信息。

2. 若风险管理计划涉及多种药品，应针对每种药品单独提供一份风险管理计划摘要。

第 32 条　风险管理计划的更新
1. 若上市许可持有人对风险管理计划进行更新，则应向国家主管部门或欧洲药品管理局（如适当）提交更新后的风险管理计划。在征得国家主管部门或欧洲药品管理局（如适当）的同意后，上市许可持有人可仅提交更新的模块。如有必要，上市许可持有人应向主管部门或欧洲药品管理局提交更新后的风险管理计划摘要。

2. 每次提交的风险管理计划应具有不同的版本编号并注明日期。

第 33 条　风险管理计划的格式

风险管理计划应采用附件 I 中规定的格式。

第七章　定期安全更新报告

第 34 条　定期安全更新报告的内容

1. 定期安全更新报告应基于所有可用的数据并重点关注自锁定上次定期安全更新报告数据之时起出现的新信息。

2. 定期安全更新报告中应准确预估药品的接触人数，包括关于销售量和处方量的所有数据。除预估药品的接触人数外，还应随附实际使用情况的定性和定量分析，在适当情况下，应基于上市许可持有人掌握的所有可用数据（包括观测或药物利用率研究结果）指明实际使用情况与所示之使用情况有何不同。

3. 定期安全更新报告中应包含与风险收益相关的风险最小化活动的评估结果。

4. 上市许可持有人无需在定期安全更新报告中系统性地提供个案详细清单，包括案例陈述。然而，上市许可持有人应在定期安全更新报告的相关风险评估部分中提供案例陈述，这对于相关风险评估部分中的风险信号或安全隐患分析而言是不可或缺的内容。

5. 上市许可持有人应基于累积安全数据的评估和风险收益分析，针对变更和 / 或行动需求草拟定期安全更新报告的结论，包括对与提交之安全报告相关且已获得审批之药品特性总结所产生的影响。

6.除非第 2001/83 号 (EC) 指令第 107c 条中所述之欧盟参考日期
清单和提交频率部分另有规定，或与国家主管部门或欧洲药品管
理局达成一致意见，否则，在适当情况下，对于含有相同活性成
分且由同一上市许可持有人持有的所有药品只需准备一份定期安
全更新报告即可。不论药品是否通过不同的名称或单独的程序获
得许可，定期安全更新报告中均应涵盖药品的所有适应证、给药
途径、剂型和给药方案。在具有相关性的情况下，应在定期安全
更新报告中的单独章节中介绍与特定适应证、剂型、给药途径或
给药方案相关的数据，同时相应解决任何安全隐患问题。

7.除非第 2001/83 号 (EC) 指令第 107c 条中所述之欧盟参考日期
清单和提交频率部分另有规定，否则，若定期安全报告中所述之
主要活性成分亦为获得许可的固定复方药品中的成分，则上市许
可持有人可针对其获得许可的活性物质组合提交单独的定期安全
更新报告，以及对单一活性物质定期安全报告的交叉引用，也可
在其中一份单一活性物质定期安全报告中提供关于活性成分组合
的数据。

第 35 条　定期安全更新报告的格式
1.应采用附件 Ⅱ 中规定的格式提交电子版定期安全更新报告。

2.欧洲药品管理局可针对附件 Ⅱ 中的单元发布相关模板。

第八章　上市后安全性研究

第 36 条　适用范围
1.本章适用于上市许可持有人在获得许可后为履行国家主管部
门、欧洲药品管理局或欧盟委员会依据第 2001/83 号 (EC) 指令第

21a 条和第 22a 条及第 726/2004 号 (EC) 法规第 10 条和第 10a 条所规定之义务而发起、管理或资助的非介入性安全性研究。

2. 上市许可持有人应提交研究计划、最终研究报告摘要及最终研究报告（已依据第 2001/83 号 (EC) 指令第 107n 条和第 107p 条之规定提交英文译文），但依据第 2001/83 号 (EC) 指令第 22a 条之规定仅在需要开展研究之成员国开展的研究除外。对于属于后者的研究，上市许可持有人应提交标题和研究计划摘要的英文译文及最终研究报告摘要的英文译文。

3. 上市许可持有人应确保妥善处置和存储所有研究信息，以便对此类信息进行准确报告、解释说明及验证，同时还应始终确保研究受试者记录之机密性。上市许可持有人应确保以电子格式保存最终研究报告中包含的用于生成数据的分析数据集和统计方案，以供审计和检查之用。

4. 欧洲药品管理局可发布适当的研究计划、摘要及最终研究报告模板。

第 37 条　定义

对于本章而言，下列定义适用：

(1) "数据采集起始日期"指在研究"数据集"中开始记录首位研究受试者信息的日期，或者在二次使用数据的情况下，则为提取数据的起始日期；

(2) "数据采集结束日期"指分析数据集完成的日期。

第38条 上市后安全性研究格式

在获得许可后，应采用附件Ⅲ中规定的格式，提交关于非介入性安全性研究的研究计划、摘要及最终研究报告。

第九章 最终条款

第39条 数据保护

在不违反国家主管部门和上市许可持有人履行第95/46号(EC)指令规定之个人数据处理义务或欧洲药品管理局履行第45/2001号(EC)法规规定之个人数据处理义务的情况下，本法规应适用。

第40条 过渡性条款

1. 自2016年7月1日起，上市许可持有人、国家主管部门及欧洲药品管理局应履行第25条(c)点至(g)点中规定之使用相关术语的义务。

2. 第26条第(2)款应自2016年7月1日起适用。

3. 自2013年1月10日起，上市许可持有人应履行第29条至第38条规定之遵循相关格式和内容的义务。

第41条 生效和应用

本法规应自《欧盟官方期刊》发布之日起的第20天开始生效。

本法规应自2012年7月10日起适用。

本法规作为一个整体应具有约束力，并可直接适用于所有成员国。

2012 年 6 月 19 日，订立于布鲁塞尔。

欧盟委员会

主席

若泽．曼努埃尔．巴罗佐 (José Manuel BARROSO)

(1) OJ L 136，30.4.2004，第 1 页。

(2) OJ L 311，28.11.2001，第 67 页。

(3) OJ L 348，31.12.2010，第 1 页。

(4) OJ L 348，31.12.2010，第 74 页。

(5) OJ L 281，23.11.1995，第 31 页。

(6) OJ L 8，12.1.2001，第 1 页。

(7) OJ L 334，24.11.2008，第 7 页。

(8) OJ L 255，30.9.2005，第 22 页。

(9) 国际医学期刊编辑委员会．生物医学期刊投稿统一要求．N Engl J Med 1997; 336:309–15。

(10) OJ L 121，1.5.2001，第 34 页。

附件 I 风险管理计划

风险管理计划的格式

风险管理计划中应包括下列单元：

第 1 部分：产品概述

第 2 部分：安全规范

第 S I 单元：
关于适应证和目标人群的流行病学

第 S II 单元：
安全规范的非临床部分

第 S III 单元：
临床试验中的药物暴露

第 S IV 单元：
不参与临床试验的人群

第 S V 单元：
上市后的经验

第 SⅥ 单元：

欧盟针对安全规范的其他要求

第 SⅦ 单元：

已确定的风险和潜在的风险

第 SⅧ 单元：

安全隐患总结

第 3 部分：药物警戒计划（包括上市后安全性研究）

第 4 部分：获得上市后有效性研究计划

第 5 部分：风险最小化措施（包括风险最小化活动的有效性评估）

第 6 部分：风险管理计划摘要

第 7 部分：附件

附件 Ⅱ　电子版定期安全更新报告的格式

定期安全更新报告中应包含下列单元：

第 1 部分：标题页（包括签名）

第 2 部分：执行摘要

第 3 部分：目录

1. 简介

2. 世界范围内的上市许可状况

3. 在报告间隔期内出于安全原因采取的措施

4. 安全参考信息的更改

5. 预计的药物暴露和用药模式

5.1 受试者在临床试验中的累积药物暴露

5.2 源自市场销售经验的患者累积和间隔暴露

6. 摘要表格中的数据

6.1 参考信息

6.2 临床试验中累积的重度不良反应事件摘要表格

6.3 来自上市后数据源的累积和间隔期摘要表格

7. 报告间隔期间来自临床试验的重大结论摘要

7.1 已完成的临床试验

7.2 正在进行的临床试验

7.3 长期随访

7.4 药品的其他治疗用途

7.5 与固定剂量联合治疗相关的全新安全数据

8. 源自非介入性研究的结论

9. 来自其他临床试验和来源的信息

10. 非临床数据

11. 文献

12. 其他定期报告

13. 在对照临床试验中有效性的缺乏

14. 最新信息

15. 风险信号概述：新的风险信号、现有风险信号或已结束的风险信号

16. 风险信号和风险评估

16.1 安全隐患总结

16.2 风险信号评估

16.3 风险和新信息评估

16.4 风险特征描述

16.5 风险最小化措施的有效性（如适当）

17. 收益评估

17.1 重要的基准效力和效果信息

17.2 新定义的效力和效果信息

17.3 收益特征描述

18. 针对许可之适应证的综合风险收益分析

18.1 风险收益分析环境——医疗需求和重要的替代性选择

18.2 风险收益分析评估

19. 结论和行动措施

20. 定期安全更新报告附件

附件Ⅲ　上市后安全性研究计划、摘要及 最终研究报告

一、研究计划的格式

1. 标题：富含信息量的标题，包括述明研究规划和相关药品、成分或药品类别的常用术语，以及包含版本识别号和上一版本发布日期的副标题。

2. 上市许可持有人。

3. 负责方，包括所有合作机构及其他相关研究地点的清单。

4. 摘要：研究计划的独立摘要，包括下列子部分：

(a) 含副标题的标题，包括版本和计划拟定日期及主要作者的姓名和附属机构；

(b) 理论基础和背景；

(c) 研究问题和目标；

(d) 研究规划；

(e) 目标群体；

(f) 可变因素；

(g) 数据源；

(h) 研究规模；

(i) 数据分析；

(j) 重要事件。

5. 修订和更新：在数据采集开始后，对研究计划所做的任何重大修订和更新，包括修订或更新的理由、修订日期以及对研究计划中更改部分的引用。

6. 重要事件：表格中包含下列重要事件的计划日期：

(a) 数据采集起始日期；

(b) 数据采集结束日期；

(c) 研究进度报告（如第 2001/83 号 (EC) 指令第 107m 条第 (5) 款中所述）；

(d) 研究结果临时报告（如适当）；

(e) 研究结果最终报告。

7. 理论基础和背景：关于安全隐患、安全特性或风险管理措施的说明，此为获得上市许可而必须履行的义务。

8. 依据国家主管部门的决定（将研究作为必须履行的义务）而制定的研究问题和目标。

9. 研究方法：研究方法的说明，包括：

(a) 研究计划；

(b) 研究环境：针对各类人士定义的研究目标人群、地点、持续时间及选择标准，包括任何纳入和排出标准的理论基础。若从任何源人群采样，则应提供关于源人群和详细采样方法的说明。若研究规划是系统性审查或荟萃分析，则应解释所采用的选择标准和研究的资格；

(c) 可变因素；

(d) 数据源；用于确定暴露风险、结果及与研究目标相关之所有其他可变因素的策略和数据源。若研究采用现有数据源，例如电子病历，应报告关于病历有效性的任何信息及数据编码。在涉及系统性审查或荟萃分析的情况下，应介绍搜索策略和程序及确认数据所采用的方法；

(e) 研究规模：预计研究规模、研究精确度预估、计算可用预设解释力最低限度地监测预设风险的研究规模；

(f) 数据管理；

(g) 数据分析；

(h) 质量控制；

(i) 研究方法的限制。

10. 人类受试者的保护：为遵守国家和欧盟要求，确保参与获得上市后非介入性安全性研究的受试者的健康和权利，应为其提供安全保护。

11. 在开展研究期间，对不良事件 / 不良反应及其他重要医疗事件的管理和报告。

12. 发布和传达研究结果的计划。

13. 参考资料。

二、最终研究报告摘要的格式

1. 标题,其中副标题应包括摘要日期和主要作者的姓名和附属机构。

2. 关键词（不超过五个表达研究主要特征的关键词）。

3. 理论基础和背景。

4. 研究问题和目标。

5. 研究规划。

6. 研究环境。

7. 受试者和研究规模，包括退出者。

8. 可变因素和数据源。

9. 研究结果。

10. 讨论（在具有相关性的情况下，包括研究结果对药品风险收益平衡所产生之影响的评估）。

11. 上市许可持有人。

12. 主要研究员的姓名和附属机构。

三、最终研究报告的格式

1. 标题：标题包括表明研究规划的常用术语；副标题包括最终报告的拟定日期和主要作者的姓名和附属机构。

2. 摘要：本附件第 2 节中所述之独立摘要。

3. 上市许可持有人：上市许可持有人的姓名和地址。

4. 研究人员：主要研究员和所有联合研究员的姓名、职务、学位、地址及附属机构，以及所有主要合作机构及其他相关研究地点的清单。

5. 重要事件：提供下列重要事件的日期：

(a) 数据采集起始日期（计划日期和实际日期）；

(b) 数据采集结束日期（计划日期和实际日期）；

(c) 研究进度报告；

(d) 研究结果临时报告（如适当）；

(e) 研究结果最终报告（计划日期和实际日期）；

(f) 与研究相关的任何其他重要事件，包括在电子研究注册系统中注册的研究日期。

6. 理论基础和背景：导致发起研究的安全隐患说明，以及对发布和未发布的相关数据进行的重要审查说明，以评估相关信息和研究意欲弥补的知识差距。

7. 研究问题和目标。

8. 研究计划的修订和更新：列出在数据采集开始后，对初始研究计划所做的任何重大修订和更新，包括每次进行修订或更新的理由。

9. 研究方法

9.1 研究计划：研究计划的关键要素和做出此类选择的理论基础。

9.2 研究环境：研究环境、地点及相关日期，包括招募、跟进及数据采集的持续时间。在涉及系统性审查或荟萃分析的情况下，需说明作为资格标准的研究特征及理论基础。

9.3 受试者：针对研究受试者的任何源人群和资格标准。应提供选择参与者的源人群和选择方法，在具有相关性的情况下，应包括案例调查方法及退出者的人数和退出原因。

9.4 变量：所有结果、暴露风险、预测因素、潜在混杂因素及效应修正因素，包括操作性定义。同时，还应提供诊断标准（如适当）。

9.5 数据源和测量：针对每种有趣的可变因素、数据源及详细的评估和测量方法。若研究采用现有数据源，例如电子病历，应报告关于病历有效性的任何信息及数据编码。在涉及对所有信息源进行系统性审查或荟萃分析的情况下，应介绍搜索策略、选择研究的方法、数据提取方法及从研究人员获取或确认数据的任何程序。

9.6 偏差。

9.7 研究规模：研究规模、任何研究规模计算的理论基础及获取预计研究规模所采用的任何方法。

9.8 数据传输：数据的传输、计算或操作，包括在分析过程中如何处理定量数据、选择哪个分组及选择理由。

9.9 统计方法：应对下列各项进行说明：

(a) 主要措施总结；

(b) 适用于研究的所有统计方法；

(c) 用于检验亚组和相互作用的方法；

(d) 解决缺失数据的方法；

(e) 任何敏感性分析；

(f) 对研究计划中包含的数据分析计划所做的任何修订，并提供做此修改的理论依据。

9.10 质量控制：确保数据质量和完整性的机制。

10. 研究结果：包含下列子部分：

10.1 参与者：每个研究阶段的研究受试者人数。在涉及系统性审查或荟萃分析的情况下，应提供每个阶段参与研究筛查的人数、接受资格评估的人数及接受审查的人数，并解释排除某些参与者的原因。

10.2 说明性数据：研究参与者的特征、暴露风险信息、潜在的混杂因素及参与者人数，并提供缺失的数据。在涉及系统性审查或荟萃分析的情况下，应说明用于提取数据的每项研究的特征。

10.3 结果数据：在得出各类主要研究结果的过程中，参与的研究受试者人数。

10.4 主要研究结果：未经调整的预估结果和混杂因素调整后的预估结果及其精确度（如适当）。 在具有相关性的情况下，应在有意义的时间段内，将相对风险的预估结果转化为绝对风险。

10.5 其他分析。

10.6 不良事件和不良反应。

11. 讨论

11.1 关键研究结果：关于研究目标的关键研究结果、支持已完成的上市后安全性研究结论但又与此结论相冲突的预先研究，以及在具有相关性的情况下，研究结果对药品的风险收益平衡所产生的影响。

11.2 限制：研究的限制，应考虑影响数据质量或完整性、研究方法和问题解决方法的限制、潜在偏差和不精确的源头及事件有效性验证等情况。同时，应就潜在偏差的方向和幅度进行讨论。

11.3 解释说明：针对研究结果、考虑实现的目标、限制、分析的多样性、类似研究的结果及其他相关证据的解释说明。

11.4 普适性。

12. 参考文献。

名词术语总表

A

ADUFA: Animal Drug User Fee Act,《兽药使用者付费法案》

AGDUFA: Animal Generic Drug User Fee Act,《动物仿制药使用者付费法案》

AMQP: Animal Model Qualification Program, 动物模型认证项目

ANDA: Abbreviated New Drug Application, 仿制药申请

APEC: Asia-Pacific Economic Cooperation, 亚太经合组织

API: Active Pharmaceutical Ingredient, 药用活性成分, 原料药

B

BARDA: the Biomedical Advanced Research and Development Authority, 生物医学高级研究和发展管理局

BE Test: Biological Equivalence Test, 生物等效性试验

BIMO: Bioresearch Monitoring, 生物研究监测

BLA: Biologics License Applications, 生物制品上市许可申请

BPCA: Best Pharmaceuticals for Children Act,《最佳儿童药品法案》

BPD: Biosimilar Biological Product Development, 生物类似物产品开发

BsUFA: Biosimilar User Fee Act,《生物类似物使用者付费法案》

C

CBER: Center for Biologics Evaluation and Research, 生物制品审评与研究中心

CDC: Centers for Disease Control and Prevention, 疾病控制与预防中心

CDER: Center for Drug Evaluation and Research, 药品审评与研究中心

CDRH: Center for Devices and Radiological Health, 器械与放射卫生中心

CDTL: Cross Discipline Team Leader, 跨学科审查组长

CEO: Chief Executive Officer, 首席执行官

CFDA: China Food and Drug Administration, 国家食品药品监督管理总局

CFR: Code of Federal Regulation,《美国联邦法规汇编》

CFSAN: Center for Food Safety and Applied Nutrition,
食品安全和应用营养中心

COTR: Contracting Officer's Technical Representative,
合同缔约人员技术代表

CPI: Consumer Price Index, 消费价格指数

CPMS : Chief Project Management Staff, 首席项目管理人员

CR: Complete Response Letter, 完整回复函

CTECS: Counter-Terrorism and Emergency Coordination Staff,
反恐和紧急协调人员

CVM: Center for Veterinary Medicine, 兽药中心

D

DACCM: Division of Advisory Committee and Consultant Management,
咨询委员会和顾问管理部门

DARRTS: Document Archiving, Reporting and Regulatory Tracking System,
文件归档、报告和管理跟踪系统

DCCE: Division of Clinical Compliance Evaluation, 临床依从性评价部

DD: Division Director, 部门主任

DDI: Division of Drug Information, 药品信息部门

DECRS: the Drug Establishment Current Registration Site,
当前药品登记地点

DEPS：Division of Enforcement and Post-marketing Safety，
药品上市后安全与执行部门

DHC：Division of Health Communications，卫生通讯部门

DMF：Drug Master File，药品主文件

DMPQ：Division of Manufacturing and Product Quality，生产及产品质量部

DNP：Division of Neurological Products，神经类产品部门

DNPDHF：Division of Non-Prescription Drugs and Health Fraud，
非处方药及反卫生欺诈部门

DOC：Division of Online Communications，在线通讯事业部

DoD：the Department of Defense，美国国防部

DPD：Division of Prescription Drugs，处方药部门

DRISK：Division of Risk Management，风险管理部门

DSB：Drug Safety Oversight Board，药品安全监督委员会

DSS：Drug Shortage Staff，药品短缺工作人员

DTL：Discipline Team Leader，专业组组长

DVA：Department of Veterans Affairs，退伍军人事务部

E

eCTD：Electronic Common Technical Document，电子通用技术文件

EDR：Electronic Document Room，电子文档室

eDRLS：electronic Drug Registration and Listing，
药品电子注册和上市系统

EMA：European Medicines Agency ，欧洲药品管理局

EON IMS：Emergency Operations Network Incident Management System，
紧急行动网络事件管理系统

EOP Ⅰ Meeting: End-of-Phase Ⅰ Meeting, Ⅰ期临床试验结束后会议

EOP Ⅱ Meeting: End-of-Phase Ⅱ Meeting, Ⅱ期临床试验结束后会议

EUA: Emergency Use Authorization, 紧急使用授权

F

FDA: Food and Drug Administration, 美国食品药品监督管理局

FDAA: Food and Drug Administration Act,《食品药品管理法案》

FDAAA: Food and Drug Administration Amendments,
《食品药品管理法修正案》

FDAMA : Food and Drug Administration Modernization Act,
《食品药品管理现代化法案》

FDASIA: Food and Drug Administration Safety and Innovation Act,
《FDA 安全及创新法案》

FD&C Act：Federal Food, Drug and Cosmetic Act,
《联邦食品药品和化妆品法案》

FDF：Finished Dosage Form, 最终剂型

FSA : Federal Security Agency, 美国联邦安全署

FSMA: Food Safety Modernization Act,《食品安全现代化法案》

FTE: Full-Time Employee/Full-Time Equivalence, 全职雇员

FY: Fiscal Year, 财政年度, 会计年度

G

GCP: Good Clinical Practice, 药物临床试验质量管理规范

GDUFA: Generic Drug User Fee Act,《仿制药使用者付费法案》

GLP: Good Laboratory Practice, 药物非临床研究质量管理规范

GMP: Good Manufacturing Practice, 药品生产质量管理规范

GO：Office of Global Regulatory Operations and Policy,
全球监管运营及政策司

GRP：Good Review Practice，药品审评质量管理规范

GSP：Good Supply Practice，药品经营质量管理规范

H

HEW：Department of Health, Education, and Welfare,
美国卫生、教育和福利部，HHS前身

HHS：Department of Health & Human Services，美国卫生及公共服务部

HPUS：Homoeopathic Pharmacopoeia of the United States,
美国顺势疗法药典

HSP：Human Subject Protection，人体受试者保护

HUDP：the Humanitarian Use Device Program，人道主义器械使用计划

I

IHGT：Institute of Human Gene Therapy，人类基因治疗研究所

IND：Investigational New Drug，新药临床研究，试验性新药

IRB：Institutional Review Boards，伦理审查委员会

IRs：Information Requests，信息请求

M

MAPPs：Manual of Policies and Procedures，政策及程序指南

MCM：Medical countermeasures，医疗措施

MDUFMA：Medical Device User Fee and Modernization Act,
《医疗器械使用者付费和现代化法案》

N

NCE: New Chemical Entity, 新化学实体

NCTR: National Center for Toxicological Research, 国家毒理研究中心

NDA: New Drug Application, 新药上市申请

NDC: the National Drug Code, 美国国家药品代码

NF: National Formulary, 美国国家处方集

NIH: National Institutes of Health, 美国国立卫生研究院

NIMS: the National Incident Management System,

美国国家突发事件管理系统

NME: New Molecular Entity, 新分子实体

NLEA: Nutrition Labeling And Education Act, 《营养标识和教育法案》

O

OC: Office of Compliance, 合规办公室

OCC: Office of the Chief Counsel, 首席顾问办公室

OCC: Office of Counselor to the Commissioner, 局长顾问办公室

OCET: Office of Counterterrorism and Emerging Threats,

反恐怖和新威胁办公室

OCM: Office of Crisis Management, 危机管理办公室

OCOMM: Office of Communication, 通讯办公室

OCP: Office of Combination Products, 组合产品办公室

OCS: Office of the Chief Scientist, 首席科学家办公室

OD: Office Director, 办公室主任

ODSIR: Office of Drug Security, Integrity, and Response,

药品安全、完整和响应办公室

OEA：Office of External Affairs，对外事务办公室

OES：Office of Executive Secretariat，行政秘书处办公室

OFBA：Office of Finance, Budget and Acquisitions，

财政、预算和采购办公室

OFEMSS：Office of Facilities, Engineering and Mission Support Services，

设备、工程和任务支持服务办公室

OFVM：Office of Food and Veterinary Medicine，食品及兽药监管司

OGCP：Office of Good Clinical Practice，GCP 办公室

OGD：Office of Generic Drug，仿制药办公室

OHR：Office of Human Resources，人力资源办公室

OIP：Office of International Programs，国际项目办公室

OMB：Office of Management and Budget，美国行政管理与预算局

OMH：Office of Minority Health，少数族裔卫生办公室

OMPQ：Office of Manufacturing and Product Quality，

生产及产品质量办公室

OMPT：Office of Medical Products and Tobacco，医疗产品及烟草监管司

OMQ：Office of Manufacturing Quality，生产质量办公室

OO：Office of Operation，运营司

OOPD：Office of Orphan Products Development，孤儿药开发办公室

OPDP：Office of Prescription Drug Promotion，处方药推广办公室

OPPLA：Office of Policy, Planning, Legislation and Analysis，

政策、规划、立法及分析司

OPRO：Office of Program and Regulatory Operations，

计划和监管运营办公室

OPT：Office of Pediatric Therapeutics，儿科治疗学办公室

ORA：Office of Regulatory Affair，监管事务办公室

ORSI：Office of Regulatory Science and Innovation，
监管科学和创新办公室

OSE：Office of Surveillance and Epidemiology，
药品监测及流行病学办公室

OSI：Office of Scientific Investigations，科学调查办公室

OSPD：Office of Scientific Professional Development，
科学专业发展办公室

OSSI：Office of Security and Strategic Information，
安全和战略情报办公室

OUDLC：Office of Unapproved Drugs and Labeling Compliance，
未批准药品和标签合规办公室

OWH：Office of Women's Health，妇女健康办公室

P

PASE：Professional Affairs and Stakeholder Engagement，
专业事务和利益相关者参与

PASs：Prior Approval Supplements，事先批准补充申请

PC&B：Personal Compensation and Benefits，个人薪酬及福利

PDP：Product Development Protocol，产品开发方案

PDUFA：Prescription Drug User Fee Act，《处方药使用者付费法案》

PMA：Premarket Approval Application，上市前批准申请

PMDA：Pharmaceuticals and Medical Devices Agency，
日本药品及医疗器械综合机构

PMR：Premarket Report，上市前报告

PR：Priority Review，优先审评

PR：Primary Reviewer，主审评员

PRA：the Paperwork Reduction Act，文书削减法案

PREA：Pediatric Research Equity Act,《儿科研究公平法案》

R

REMS：Risk Evaluation and Mitigation Strategies，风险评估及缓解策略

RLD：Reference Listed Drug，参比制剂

RPM：Regulatory Project Manager，法规项目经理

S

SEC：The Securities and Exchange Commission，美国证券交易委员会

SPA：Special Protocol Assessments，特殊方案评估

SR：Standard Review，标准审评

T

TL：Team Leader，审评组长

U

USP：U.S. Pharmacopeia,《美国药典》

V

VP：Vice President，副总裁

W

WTO：World Trade Organization，世界贸易组织